아직
천국을 준비할
시간이
남아 있다

아직 천국을 준비할 시간이 남아 있다

2018년 4월 12일 교회 인가
2018년 6월 29일 초판 1쇄 펴냄
2023년 10월 12일 초판 8쇄 펴냄

지은이 · 최성균
펴낸이 · 정순택
펴낸곳 · 가톨릭출판사
편집 겸 인쇄인 · 김대영

본사 · 서울특별시 중구 중림로 27
등록 · 1958. 1. 16. 제2-314호
전자우편 · edit@catholicbook.kr
전화 · 1544-1886(대표 번호)
지로번호 · 3000997

ISBN 978-89-321-1519-1 03230

ⓒ 최성균, 2018

값 15,000원

이 책은 저작권법에 의해 보호를 받는 저작물이므로 무단 전재와 무단 복제를 금합니다.

가톨릭의 모든 도서와 성물을 '가톨릭출판사 인터넷쇼핑몰'에서 만나 보실 수 있습니다.
http://www.catholicbook.kr | (02)6365-1888(구입 문의)

아직 천국을 준비할 시간이 남아 있다

최성균 신부 지음

노인들을
하느님 나라로 안내해 온
한 사제의 사목 일기

가톨릭출판사

일러두기

- 이 책에 수록된 성경 구절은 모두 《공동번역 성서》에서 인용했습니다.
- 성경 출처의 표시, 맞춤법 등은 현재 통용되는 표기에 맞췄습니다.

너는
네 아비가 늙었을 때
잘 보살피고
그가 살아 있는 동안
슬프게 하지 마라.

집회 3,12

추천의 글
신부님의 책 출간을 축하드리며

 흔히 전체 인구에서 65세 이상 인구의 비율이 7퍼센트를 넘으면 '고령화 사회'라고 하고, 14퍼센트를 넘으면 '고령사회', 21퍼센트 이상이면 '초고령사회'로 분류한다고 합니다. 그런데 우리나라는 작년에 65세 이상의 노인이 전체 인구의 14퍼센트를 넘기며 벌써 '고령사회'로 진입했다고 합니다.
 노인 인구의 증가와 함께 늘어난 것은 빈곤 노인의 수와 고독사로 생을 마감하는 노인의 수입니다. 그리고 노인 문제의 심각성을 알리는 뉴스들도 끊이질 않습니다. 현실이 그렇기에 오랜 시간 동안 가난하고 의지할 곳 없는 노인들과 함께하시는 최성균 요한 보스코 신부님의 존재와 사목 활동이 더욱 빛나고 소중하게 느껴집니다.

신부님이 노인 사목을 시작하신 것이 2001년 서울가톨릭사회복지회와 인연을 맺으면서부터가 아닐까 싶습니다. 때마침 2002년 종로 성당 주임 사제를 맡으시면서 근처에 위치한 파고다공원과 종묘 주변에서 매일 노인들을 만나며 노인 사목의 필요성을 더욱 절감하셨을 것입니다. 그 시기에 신부님은 '서울대교구 노인복지위원회'의 위원장직을 겸임하시면서 현재의 '성모노인쉼터' 설립을 준비하셨습니다. 그렇게 시작된 최 신부님의 노인 사목이 벌써 20년 가까이 되었습니다.

신부님이 2007년부터 '요양 병원 방문 사목'을 해 오시면서 만난 다양한 노인들의 이야기와 신부님의 신앙 체험을 이 책에 고스란히 담았습니다. 독자들은 이 책을 읽으면서 신부님의 확고한 인생관과 신앙 그리고 노인 사목에 대한 신부님의 뜨거운 열정을 느낄 수 있을 것입니다. 그동안 신부님은 200개가 넘는 요양 병원 및 요양원을 방문하여 2만여 명의 노인과 만나셨고, 그중 약 2,000여 명에게 마지막 성사를 집전해 주셨다니 정말 고마운 일입니다. 그분들의 인생의 마지막 시간을 행복하게 축복해 주셨다니 참으로 놀랍고 고맙습니다.

누구나 한 번은 인생의 마지막 고통의 시간을 거쳐야 합니다. 그런 점에서 신부님이 이 책에 펼쳐 놓으신 다양한 노인들의 이야기는 우리 삶의 자세를 되돌아보게 하며, 각자가 어떻게 죽음을 준비하고 마지막 시간을 맞이해야 할지를 진지하게 생각하도록 해 줍니다. 따라서 나이를 떠나 누구에게나 일독을 권하고 싶습니다.

끝으로, 고독과 죽음에 대한 두려움에 힘들어하는 노인들이 다시금 하느님의 따뜻한 사랑과 위로를 찾을 수 있도록 애쓰시는 최성균 신부님께 감사와 존경을 드립니다. 신부님의 책 출간을 진심으로 축하드립니다.

천주교 서울대교구 사회사목담당 교구장 대리
유경촌 티모테오 주교

인사말
저는 어르신들의 영혼을
하느님께 올려 드리는 도구일 뿐입니다

전지전능하신 하느님과 사랑하올 성모님께 노인들과 함께 한 사목 일기 《아직 천국을 준비할 시간이 남아 있다》를 삼가 겸손되이 봉헌하옵니다. 부족한 사제가 이 사목 일기를 통해서 하느님과 성모님의 사랑을 조금이나마 빛내 드린다면 그보다 더 큰 기쁨은 없을 것입니다.

미약한 저는 하느님께서 한 분 한 분 소중하게 여기시며 사랑하시는 노인분들의 영혼을 하느님께 올려 드리는 도구일 뿐이라는 것을 이 사목 일기를 정리하며 다시 한번 깨닫게 되었습니다. 저는 하느님께서 제게 주신 이 씨앗들을 모아 땅에 뿌리고 물을 주지만, 이 씨앗들을 자라게 하고 천상적인 열매를 맺게 하는 것은 오직 하느님의 은총뿐입니다. 이 은총의 소중한 이야기들을 이 작은 책에 담아 봤습니다. 이 이야기는 우리나라 현대사에서 가장 어렵고 힘든 시기를 이겨 내시고 지금의 우리를 있게 해 주신 우리 아버지, 어머니들의 삶에 관한 것입니다. 또한 우리에게 하느님의 참신앙을 전해 주신 우리 어르신들의 믿음에 관한 것입니다. 저는 이분들이 남겨 주는 신앙의 유산들을 우리가 더 깊이 있고 풍요롭게 이어 갈 수 있기를 바라면서 이 사목 일기를 겸허한 마음으로 책으로 내게 되었습니다.

저는 노인 복지 사목을 하며 성모노인쉼터에서, 요양 병원에서, 선종 피정에서 만나는 모든 어르신들께 이분들을 향한 하느님의 사랑에 대해 말씀드립니다. 비록 이 어르신들이 어떤 상황에 놓여 계시는지에 상관없이 하느님께서는 어르신들을 얼마나 많이 사랑하고 계시는지, 그리고 복잡하고 바쁜 세상에서 하느님을 외면하는 이들이 많아, 하느님께서 어르신들의 사랑을 얼마나 갈망하고 계시는지 말씀드립니다. 왜냐하면 삶의 긴 여정을 걸어오신 어르신들이 하느님의 그 마음을 가장 잘 헤아릴 수 있기에 하느님을 위로해 드리며 그 외로움을 함께 나눠 드릴 수 있기 때문입니다. 하느님과 기도 안에서 그 외로움을 함께 나누는 사이, 어르신들은 세상의 고독과 외로움을 잊어버린 채 하느님 나라 천국에 들어가는 단꿈을 꾸게 될 것입니다. 그리고 그 행복에 젖어 세상의 모든 고통과 어려움도 어느덧 이겨 내시게 됩니다. 그래서 저는 어르신들께 항상 이렇게 말씀드립니다. "제가 어르신들의 경제적, 신체적, 사회적, 정서적 어려움을 도와 드린다고 해서 그 문제들을 얼마나 해결해 드릴 수 있겠습니까? 저에게는 그것을 완전히 만족시켜 드릴 힘이 없습니다. 하지만 신앙적으로 천국에 가시는 길만큼은 자신 있게 알려 드릴 수 있습니다." 제가 주님의 사제로서 노인 사목을 하는 이유가 바로 여기에 있습니다.

이 작은 책을 내면서 노인 문제로 몸살을 앓고 있는 이 시대에 하느님 사랑 안에서 어르신들이 남은 생을 의미 있게 정리하고 행복하게 선종할 수 있도록 이끌어 주고 계시는 주님, 성모님께 진심으로 깊은 찬미와 감사를 드리옵니다. 그리고 이 중요한 노인 복지 사목을 할 수 있도록 기도해 주시고 지원해 주고 계신 서울대교구 교구장이신 염수정 추기경님, 총대리 손희송 주교님, 사회사목담당 교구장 대리 유경촌 주교님, 항상 격려해 주시는 구요비 주교님과 정순택 주교님, 사회사목국 신부님들과 동창 신부님들께 진심으로 감사를 드립니다. 또한 19년 동안 어르신들을 위해 함께 기도하며 노력하고 있는 성모노인쉼터 직원들과 봉사자님들, 후원을 해 주고 계시는 모든 분들께도 진심으로 감사 인사를 드립니다. 또한 그동안 요양 병원과 요양원에서 만난 어르신들, 그분들을 도와 드리기 위해 정성을 다하고 계신 간호사님들, 요양보호사님들께도 감사와 격려의 인사를 드립니다. 마지막으로 이 책이 출판될 수 있도록 도와주신 가톨릭출판사 신부님들과 편집국 직원분들에게 진심으로 감사를 드립니다.

저는 오늘도 어르신들과 함께 미사를 봉헌하며 기도하고 있습니다.

"예수님, 감사합니다! 성모님 감사합니다!

우리 모두 천국에서 만나게 해 주십시오!"

2018년 5월 성모 성월

성모노인쉼터에서 최성균 신부

차례

추천의 글   신부님의 책 출간을 축하드리며_유경촌 주교 — 6
인사말   저는 어르신들의 영혼을 하느님께 올려 드리는
           도구일 뿐입니다_최성균 신부 — 9

1장 여러분은 이제 반송장입니다

여러분은 이제 반송장입니다 — 21
우리 할아버지도 천국에 보내 주십시오! — 25
살려 주세요! — 29
왜 성당을 지으려고 하지 않느냐? — 33
기적이 일어났습니다! — 37
하느님, 인간의 마지막 모습이 어찌 이리 처참합니까? — 42
우리 천국에서 다시 만나요 — 46
백두 살! — 50
저는 천국으로 갈 것을 확신합니다. 그러니 슬퍼하지 마세요 — 54
그저 답답한 오늘날의 현실 — 58
주님께서 내일 오신다! — 62

| 2장 | 보속할 수 있는 시간을
조금만 더 달라고 기도했습니다 |

수의 대신 '땡땡이' 무늬 나일론 천으로 — 69

보속할 수 있는 시간을 조금만 더 달라고 기도했습니다 — 73

엄마, 나는 많이 줘 — 78

하느님께서 시어머니를 위해 저를 살려 두셨습니다 — 82

여기는 지옥이다! 지옥! — 86

사제를 만날 마지막 기회다! — 90

이런 복이 또 어디 있겠습니까! — 94

저는 성모송이 너무 좋아요. 그런데 기억이 나지 않아요 — 98

꼭 한 번 뵙고 싶습니다 — 102

저는 밥벌레입니다 — 108

매일 어머니를 뵈러 온다니…… 정말 효자시네요 — 112

3장 하느님 앞에서 우리는 아무것도 아닌 존재입니다

제발 신부님을 보내 주십시오 — 119

하느님 앞에서 우리는 아무것도 아닌 존재입니다 — 124

우리 주님이 최고야! 성모 어머니가 최고지! — 128

이제 주일마다 미사에 올 수 있습니다 — 132

어젯밤 그냥 숨을 꼴까닥꼴까닥하더니 갔어요 — 136

어르신들의 독거사 — 140

이제 이 예수님 상본을 꼭 끌어안고 잘래요 — 144

어떻게 그럴 수 있습니까? — 148

사람은 흙에서 왔으니 흙으로 돌아갈 것을 생각하십시오 — 153

그럼 일주일 후에 또 오세요? — 157

오래 사는 것은 잘 살면 축복, 잘못 살면 재앙 — 161

4장

나도 저렇게 기도하다가 죽고 싶습니다

신부님, 너무 힘이 듭니다 — 167

제가 소프라노였어요, 소프라노 — 171

주님, 저 여기 있습니다 — 174

자식들이 괄시해도 행복합니다 — 177

마지막인데, 손 한 번만 잡아 주고 가세요 — 181

나도 저렇게 기도하다가 죽고 싶습니다 — 185

주님께 가고 싶습니다! — 189

저는 죄인이에요 — 196

제발 살려만 주십시오. 당신만 믿겠습니다 — 200

나는 예수님, 성모님 손을 꼭 잡고 천국으로 갈 거예요 — 204

효도 계약서와 불효자 방지법 — 207

5장

제 덕이 아닙니다.
모두 주님의 은총입니다

박카스 할머니 — 213

십자 성호를 그으실 힘조차 남지 않으셨다 — 218

이제는 아무것도 모르겠습니다 — 222

저는 소원이 딱 하나 있어요.
미사 참례 한 번만 했으면 좋겠어요 — 226

제 덕이 아닙니다. 모두 주님의 은총입니다 — 230

자신의 영혼을 구원하기 위해 누가 더 노력하고 있는가? — 234

그분은 식사를 못 하시는데요! — 239

또 병원이야? 집으로 안 가? — 242

치매 환자 100만 시대 — 246

부록   선종을 준비하는 기도 — 250

1장

여러분은
이제
반송장입니다

여러분은 이제 반송장입니다

인생은 기껏해야 칠십 년,
근력이 좋아야 팔십 년.
시편 90,10

성모노인쉼터에서는 어르신들이 죽음을 잘 준비할 수 있도록 '선종 피정'을 정기적으로 실시하고 있다. 별 기대 없이 그동안 성모노인쉼터에 오시는 어르신과 봉사자들과만 했던 선종 피정을 더 많은 어르신들과도 나누고 싶어서 주보에 공지를 냈는데, 어르신들의 반응이 의외로 좋았다.

나는 피정을 시작할 때 맨 먼저 이런 말씀을 드린다. "여러분은 이제 반半송장입니다. 거울을 보십시오. 핏기 없는 얼굴, 축 늘어진 배, 더 강해진 소변 냄새…… 이제 죽음이 얼마 남지 않았다는 증거입니다." 이 말씀에 잠깐 웃음이 일기도 하지만, 곧 두려움에 심각해지시는 분, 외면하려고 하시는 분, '나는 아직 아니다.'라고 고개를 흔드는 분 등 반응은 다양하다.

피정 동안 나는 37년간 사제로서 사목해 오면서 보좌 신부 시절 처음 보았던 죽음부터 시작해서, 폭우에 휩쓸려 갔던 용인천주교묘지를 수습하며 겪었던 일, 이런저런 갖가지 죽음의 모습들, 최근 요양 병원을 방문하며 경험하고 느낀 점들에 대한 이야기를 들려 드린다. 그리고 예부터 전해 오는 선조 신앙인들과 성인들이 묵상했던 내용을 찾아 엮은 글을 보며 함께 묵상하고 미사를 봉헌한다.

미사 후 피정의 마무리인 관 속에 들어가 보는 체험을 할 때쯤 되면 거의 모든 어르신들은 제법 '죽음'과 친숙해지신다. 무섭다고 관에 들어가지 못하고 도망가시려고 하는 분들도 간혹 계시지만, 대부분은 관 속에 들어갔다 나오시면서 "생각보다 참 편하네요, 나의 마지막 잠자리가……."라고 말씀하시며 환한 미소를 지으신다. 그리고 오히려 두려움과 걱정보다는 더 밝아진 모습으로 집으로 돌아가신다.

내가 선종 피정에서 어르신들과 함께 구호처럼 바치는 화살기도가 있다. "예수님, 요양 병원에 가지 않게 해 주십시오!" 어르신들은 처음에는 웃으며 따라 하셨지만 피정이 끝나고 나면

이 기도의 의미가 무엇인지 마음에 깊이 새기시는 것 같다. 그리고 요양 병원에 가지 않고 선종을 맞이하기 위해서 이제부터 무엇을 해야 하는지 진지하게 생각하시는 것 같다. 어르신들에게 남은 시간은 얼마 되지 않는다. 그 남아 있는 시간도 사람마다 다르다. 그렇다고 그 시간이 지금의 건강 상태에 따라 정해지는 것도 아니다. 언제 어느 때 누구에게 먼저 올지 모른다.

피정이 끝난 후 어르신들은 자신들의 주변, 인간관계, 재산을 정리하는 등 인간적인 준비만을 하는 것이 자신들의 죽음을 준비하는 것이 아니라는 것을 알게 되신다. 오히려 긴 여행을 떠날 채비를 하는 것처럼 이것저것 챙겨 갈 것이 무엇인지 신앙 안에서 진지하게 생각하시게 된다. 그 챙겨 갈 것이란 바로 죽은 후 하느님 대전에서 받게 될 심판의 때에 하느님께 열어 보일 가방이다. 그 가방에는 우리가 세상에서 살아오면서 생각과 말과 행위로 행했던 모든 것이 담겨 있다. 우리가 얼마나 많은 '기도', '극기', '자선'을 얼마나 '겸손하게' 실천했는지 하느님께 열어 보여 드려야 하기 때문이다. 지금까지 준비한 것이 없거나 부족하다면 이제부터라도 얼른 그 가방을 하나씩 하나씩 채워 나가야 하는 것이다.

나는 사제로서 어르신들에게 이 세상에서의 고단하고 허무한 삶이 이제 곧 끝나 가고 있다는 것과, 이 삶의 끝에는 하느님과 함께 천국에서 누릴 영원한 행복만이 남아 있다는 희망을 전하려고 한다. 그리고 노년의 삶이 아무런 희망도 의욕도 없이 병든 몸으로 그저 약에 의존해서 죽을 날만 기다리는 시간이 아니라, 자신에게 남은 시간 동안 천국을 준비하며 보내는 소중한 시간이라는 것을 깨우쳐 드리고 싶다. 그리하여 이 노년의 시간들이 지나온 삶에 대한 회개와 통회와 보속을 통해 지옥을 피하고 연옥 단련을 줄일 수 있도록 주님께서 은총으로 주신 시간이라는 것을 깨닫는다면, 또한 남아 있는 이 시간들이 오히려 천국 영복永福을 준비하는 가장 소중한 시간이라는 것을 알게 된다면, 하느님 대전에 무릎 꿇고 두 손 모아 매일매일 감사드리게 될 것이다.

우리 할아버지도 천국에 보내 주십시오!

너희는 부모를 공경하여라.
그래야 너희는 너희 하느님
야훼께서 주신 땅에서 오래 살 것이다.

탈출 20,12

    종로에서 노인 복지 사목을 시작하면서 처음 어르신들을 만난 해가 2000년도 말이었다. 어느덧 성모노인쉼터에는 90세 이상 어르신들이 열 분 남짓 계신다. 그 어르신들 중에서도 최고령 어르신은 97세 '왕언니' 마리아 할머니이시다. 최고령이심에도 불구하고 성모노인쉼터에서는 귀와 눈이 제일 밝으시며 총기 또한 이분을 따라가실 어르신이 안 계신다. 기도문도 제일 먼저 다 외우시고, 식사도 제일 잘 드시며, 식사 후에는 식탁 뒷정리 봉사까지 하신 후 댁으로 돌아가신다. 일거리가 있으면 제일 먼저 앞장서시고 기도 시간도 미사 시간도 늦으시거나 빠지시는 일이 없다. 그렇다고 '왕언니' 대접을 받으려 하시는 일도 없다. "아우님들, 이 늙은이가 너무 오래 살아서 미안합니다. 그리고 감사합니다. 나도 형님이라고 부를 사람이 있으면 좋겠습니다. 형님……."이라며 겸손하기까지 하시다. 그런데 마리아 할머니가 이렇게 거룩한 총기로 무병장수하시는 데에는 그만한 이유가 있다. 이분에게는 하느님께서 은총으로 갚아 주실 그분의 큰 공로가 있기 때문이다.

종로 성당에서 노인 미사에 오시는 어르신들이 300분을 넘었을 때였다. 미사 중에 갑자기 마리아 할머니가 손을 번쩍 드시더니 "신부님, 우리 할아버지도 천국에 보내 주십시오!"라고 외치셨다. 나는 처음에는 무슨 말씀이신지 몰라 "할아버지께서 성당에 오셔야 천국에 보내 드리지요." 하고 대답을 드렸다. 그러자 할머니 말씀이, 할아버지가 요양 병원에 계신 지 꽤 오래 되셨다며, 본인은 이렇게 미사에 다니면서 천국에 갈 준비를 할 수 있는데 남편은 그냥 요양 병원에서 저렇게 떠나면 천국에 못 갈 테니 나더러 천국에 보내 달라는 것이었다. 할머니의 성화에 나는 할아버지가 계시는 요양 병원으로 찾아갔다.

할아버지는 자유로 끝, 파주에서도 구석진 산중에 있는 요양 병원에 계셨다. 일단 나는 할아버지에게 조건 대세(유효한 세례성사를 받을 능력이 없다고 생각되는 사람이 있을 경우 사목자는 조건부로 세례를 줄 수 있다.)를 드렸다. 그런데 마침 그 병실에서 천주교 자매님들 몇 분과 마주쳤다. 그 자매님들은 파주에 사시는 성당 레지오 단원들이셨는데, 레지오 활동으로 요양 병원을 다니시며 환자들을 위로하고 또 조건 대세를 드리고 있다는 것이었다. 그 자매님들이 병원 방문을 할 때마다 마리아 할머니의 남편 되시는 어르신에게 교리를 가르쳐 드리겠다고 약속했다.

이 방문을 계기로 나는 요양 병원에 마지막 병자성사도 받지 못하시며 또 하느님을 모른 채 임종을 맞는 노인들이 많다는 사실을 확실하게 알게 되었다. 그리고 그 이후로 나는 하느님의 이끄심에 따라 요양 병원을 찾아다니며 많은 어르신들에게 병자성사와 조건 대세를 드리게 되었다. 2007년에 그렇게 시작된 요양 병원 방문 사목을 통해 나는 그동안 하느님의 은총으로 서울을 비롯하여 수도권 및 지방까지 약 200곳이 넘는 요양 병원과 요양원을 방문하며 수많은 어르신들을 만나 뵐 수 있게 되었다. 그리고 그 어르신들 중 약 2,000명의 냉담 교우와 병자성사를 받지 못하신 어르신을 찾아내어 그분들께 마지막 고해성사와 병자성사, 노자 성체(죽을 위험이 있는 신자가 마지막으로 모시는 성체)를 영해 드렸다.

마리아 할머니의 "우리 할아버지도 천국에 보내 주십시오."라는 외침은 단순한 외침이 아니라 하느님께서 이 사제에게 "가난한 어르신들뿐 아니라 요양 병원에 있는 수많은 어르신들도 찾아 구원하여라."라고 하시는 거룩한 부르심이자 명령이었던 것이다. 마리아 할머니는 그 부르심에 메신저 역할을 하신 분이시니 하느님께서 얼마나 큰 은총을 내리시겠는가? 내가 마리아 할머니에게 "할머니, 하느님께서 이렇게 건강하고 총명하게 해 주신 것은 연옥 단련을 여기서 다 마치고 오시라고 특별히 주시는 선물인 거 아시죠?"라고 말씀드리면, 할머니는 "맞아요, 제가 죄가 많아서 다 속죄하고 오라고 하시는 거예요."라며 기뻐하신다. 마리아 할머니의 남편 되시는 할아버지는 그 후 보례補禮(죽음의 위험에서 대세를 받은 자가 죽지 않고 살아났을 경우, 세례성사의 다른 부분을 보충하여 받는 예식)도 받으시고, 봉성체도 몇 차례 받으셨으며, 마지막으로 병자성사까지 다 받으시고 편안히 선종하셨다. 그리고 하느님께서 계시는 천국에 빨리 가시도록 나는 마리아 할머니와 함께 할아버지의 장례 미사를 봉헌해 드렸다.

살려 주세요!

하느님, 나를 살려 주소서.
야훼여, 빨리 오시어 나를 도와주소서.
시편 70,1

얼마 전 이른 아침, 누군가가 쉼터 대문을 부술 듯이 세차게 두드렸다. 얼마나 세게 문을 두드려 대는지 문이 부서질까 놀라서 허겁지겁 뛰어나가 보았다. "누구세요?"라고 물으니, 문 밖에서 "살려 주세요!"라는 다급한 소리가 들려왔다. 문을 열어 보니, 근처에 살고 있는 60대 신자 자매님이 살려 달라며 문 앞에서 소리치고 있었다.

내가 문을 열자 자매님이 급하게 들어와 성모상 앞에 무릎을 꿇고는 너무 아파서 죽을 것 같다면서 살려 달라고 애원했다. 얼굴은 눈물 콧물로 뒤범벅이 되었고 눈동자가 초점도 없이 풀려서 자매님은 제정신이 아닌 사람처럼 보였다. 아프면 빨리 병원으로 가야지 왜 이리로 왔느냐고 묻자 자매님은 "남편과 함께 병원에 가려고 준비하고 있었는데 병원에 가면 금방 죽을 것 같아서 신부님을 찾아 달려왔습니다."라고 했다. 나는 얼른 성수를 떠서 자매님에게 뿌려 주고 조금 마시게 한 후, 손에는 묵주를 쥐어 주고 목에는 스카풀라를 걸어 주며 기도해 드렸다.

그렇게 한 5분이 지나자 자매님은 울음을 그치고 가쁘게 몰아쉬던 숨도 고르면서 조금은 안정을 찾는 듯했다. 눈동자도 제자리로 돌아오며 진정되어 가는 자매님을 보면서 나도 비로소 조금은 안심이 되었다. 자매님은 진정이 되자 자신의 이야기를 하기 시작했다. 평소 우울증과 공황 장애를 앓고 있어서 약을 복용하며 치료를 받아 왔는데, 요즘은 약을 먹으면 말도 꼬이고 몸도 아파서 더 고통스럽다고 했다. 그래서 얼마 전에는 절대로 해서는 안 될 자살까지 시도했다는 것이다. "신부님, 얼마 전에 정말 놀라운 일이 있었습니다. 너무 고통스러워서 죽기로 결심하고 지금 살고 있는 한옥 집 서까래에 줄을 매고 의자 위에 올라섰습니다. 그런데 목을 줄에 걸고 발로 의자를 치우려는 순간, 바로 옆벽에 걸려 있던 예수님 액자가 제 뺨을 내리치며 떨어졌습니다. 저는 그 짧은 순간에 너무 놀라서 그만 줄을 풀고 의자에서 내려왔습니다. 내려와서 보니 그 액자는 다름 아닌 '예수님의 성체 기적' 사진 액자였습니다."

벽에 걸린 액자가 떨어진다면 바로 아래로 떨어져야 할 텐데, 이상하게도 앞으로 날아와 자매님의 뺨을 내리치면서 떨어졌다는 것이다. 정말 놀라운 일이었다. 예수님께서 자매님을 살리신 거라는 설명밖에 다른 설명은 할 수가 없었다.

이야기를 하는 동안 차분해진 자매님은 고해성사를 보고 앞으로는 절대로 주일 미사도 빠지지 않고, 스카풀라도 항상 착용하며, 날마다 묵주 기도를 열심히 바치겠다고 약속하고 돌아갔다. 자매님은 우울증에 시달린 이후로 미사도 참례하지 않고 기도 생활도 하지 않고 있었다. 한마디로 하느님과 멀어져서 신앙생활은 전혀 하지 않았던 것이다. 하지만 지금까지도 어르신들을 위해 매달 후원금을 조금씩 보내고 계셨다. 그 작은 정성을 보시고 예수님께서 자매님을 살려 주시며 멸망하지 않고 구원될 수 있는 소중한 기회를 주셨다는 확신이 들었다. 하느님께서는 비록 우리가 당신을 멀리 떠나 있더라도 조그마한 공로가 있다면 우리를 절대 버리지 않으신다는 것을 이 자매님을 통해 다시 한번 깨닫게 되었다. 그리고 우리가 가볍게 여기거나 소홀히 대하기 쉬운 성수와 스카풀라 등의 준성사로 숨이 넘어갈 것 같은 위험한 자매님을 구하시는 예수님의 은총을 똑똑히 보면서 그 은총의 위력이란 정말 대단하다는 것을 또 한 번 체험하게 되었다. 평소 우리가 그 힘을 깨닫지 못하고 대수롭지 않게 여기며 흘려 버리곤 하는 하늘의 은총들! 가장 중요한 은총인 미사 영성체, 또 묵주 기도와 스카풀라, 그리고 기도와 극기와 자선이 이 어둡고 힘든 세상에서 우리 자신을 구원할 수 있는 가장 큰 은총의 무기임을 결코 잊지 말아야겠다.

왜 성당을 지으려고 하지 않느냐?

"그 자선을 숨겨 두어라. 그러면 숨은 일도 보시는
네 아버지께서 갚아 주실 것이다."
마태 6.4

    성모님께 간절히 청해서 얻지 못하는 것은 없다는 것을 우리가 확고하게 믿는다면, 우리는 어떤 어려움과 고통 앞에서도 두려워하거나 겁내지 않게 될 것이다.

    나에게는 사목하는 본당마다 꼭 모시고 다니는 나의 '기적의 성모님'이 계신다. 나는 37년 동안 사제의 길을 걸어오면서 이 성모님께 기도하고 청하면서 사목 활동에서 크고 작은 어려운 일이 생길 때마다 잘 넘어왔다. 그중에서도 가장 큰 사건이라면 아마도 성당을 새로 봉헌한 일일 것이다.

    약 34년 전 주임 신부로 발령을 받고 처음 일산 본당에 갔을 때 그 성당은 너무 오래되고 낡아 비가 새고, 나무로 된 바닥은 삐거덕거리는 상태였다. 건물 상태가 너무 좋지 않아 신자들과 논의 끝에 성당을 재건축하여 봉헌하기로 결정을 내렸다. 하지만 당시만 해도 그 지역이 신도시가 되기 전이라 '작은 시골 성당'에서 새로 건축을 할 만한 자금이 있을 리 만무했다. 그래서 나는 성모님께 열심히 날마다 기도하며 성당을 봉헌할 수 있게 해 달라고 간절히 청했다. 그러나 몇 군데 업체로부터 입찰 견적을 받았음에도, 도저히 엄두를 낼 수 없는 금액들뿐이었다.

그러던 중, 본당 신자 중 건축업을 하시는 분이 찾아오셨다. "신부님, 제가 성당을 지어 드리겠습니다. 제가 받을 돈은 받지 않겠습니다. 다만 건축 재료비만 신부님께서 구해 주십시오." 건축비 때문에 걱정을 하고 있던 터였기에 이 말을 들은 나는 너무나 기쁜 나머지 이유도 묻지 않고 얼른 그분과 계약을 했다.

곧바로 건축 공사가 시작되었고, 나는 서울의 이 성당 저 성당을 열심히 다니며 건축 봉헌금을 모아 왔다. 벽돌을 살 돈이 모아지면 벽돌을 사서 벽을 쌓고, 바닥재를 살 돈이 모아지면 바닥재를 사서 바닥을 깔았다. 또 돈을 조금 더 모았을 때는 대리석을 사서 제대를 세웠다. 그런 식으로 우리는 시간이 얼마간 지난 후에 아주 아름다운 성당을 완공할 수 있었다.

그리고 성당이 거의 완공될 무렵에 그 신자분은 그제서야 기쁜 마음으로 자신이 왜 성당을 짓게 되셨는지 그 속사정을 털어놓으셨다. "신부님, 실은 제가 이 성당을 짓기 전에 꿈을 꿨습니다. 어느 날 한밤중에 한 아름다운 여인이 나타나 '왜 성당을 지으려고 하지 않느냐?'라고 하는 것이었습니다. 그래서 저는 깜짝 놀라 깼습니다. 그런데 아무도 없었습니다. 저는 이상한 일이라고 생각하며 다시 잠이 들었습니다. 그런데 다음 날 또 잠을 자는데 '왜 성당을 지으려고 하지 않느냐?'라고 나직이 속삭이던 그 여인이 또 나타났습니다. 저는 또 깜짝 놀라 깼습니다. 일어나 앉아 한참을 곰곰이 생각해 봤지만 어디서 많이 본 여인인데 도무지 누구인지 알 수가 없었습니다. 그리고 주일에 성당에 왔다가…… 저는 너무도 놀라고 말았습니다. 제 꿈에 나타난 그 여인이 바로 성당에 계시는 그 성모님이셨기 때문입니다. 그래서 저는 곧바로 신부님께 찾아가 성당을 짓겠다고 말씀드린 것이었습니다."

나는 몹시 놀라 아무 말도 할 수가 없었다. 그저 환하게 웃고 계시는 성모님을 바라보는 것밖에는……. 우리의 간절한 기도를 저버리지 않으신 성모님께서는 당신의 음성을 알아들은 그 신자분에게도 정말 큰 은총을 주셨다. 그분은 성당을 완공한 이후 그 지역이 신도시로 발표되고 많은 건축물들이 세워지면서 소위 '대박'의 은총을 받으셨다. 건물을 지어 달라는 요구가 너무 많이 들어와, 선별해서 일을 할 정도였다. 그리고 신자들의 존경을 받으며 총회장직을 맡게 되셨고, 추기경님께 감사패까지 받으셨다. 꿈에 나타난 성모님의 음성을 알아들은 그분은 남몰래 한 선행으로 부와 명예를 얻었음은 물론이며 마지막까지도 거룩하게 사시다가 선종하셨다. 아직까지도 나는 매일 미사 때마다 회장님 부부를 위해 기도하고 있다. 그분들은 지금 천국에 계실 거라고 확신하면서…….

기적이 일어났습니다!

"어머니, 이 사람이 어머니의 아들입니다."
"이분이 네 어머니시다."
요한 19,26,27

바로 얼마 전 선종 피정에 열심히 오시는 한 어르신이 피정 미사 후에 상기된 표정과 들뜬 목소리로 나를 부르셨다. 바로 전달에 남편을 하느님 곁으로 떠나보내신 분이셨다. "신부님, 기적이 일어났습니다. 제가 떠나는 남편에게 스카풀라를 걸어 주었는데요……. 세상에! 화장터에서 남편의 시신을 화장火葬한 후 스카풀라만 타지 않고 그대로 남아 있었어요." 어르신은 따님과 함께 지켜보셨는데 따님이 "어머, 어머, 저것 좀 봐! 스카풀라가 그대로 있어요!"라고 소리를 질렀다며 너무나 놀라웠다고 하셨다. 나도 예전부터 스카풀라 덕분에 성모님으로부터 도우심을 받았다는 이야기들을 많이 듣긴 했지만, 스카풀라가 불에 타지 않았다는 것은 처음 듣는 일이었다. 세상에…… 스카풀라가 줄도 타지 않고 그대로 남아 있었다니……!

어르신은 흥분한 마음을 가라앉히시며 남편에 대해 이야기하셨다. "남편은 오랫동안 병석에서 지내다가 떠났어요. 함께 사는 동안 하느님을 믿으라고 그렇게 권면했건만, 성당에 절대로 다니지 않겠다고 거부했습니다. 그래도 저는 포기하지 않고 남편과 함께 사는 내내 모진 구박을 이겨 내며 끝까지 남편을 위해 기도했습니다. 남편은 병고로 자신의 삶의 마지막에 이르자 서서히 마음을 돌리기 시작했지요. 다행히 세상을 떠나기 전에 대세를 받았고, 마지막 날까지 저와 함께 '선종을 준비하는 기도'와 임종을 잘 준비하는 기도를 열심히 바쳤기에 아주 편안하게 잘 떠났습니다."

어르신은 타지 않은 스카풀라를 보면서 남편이 마지막으로 진심으로 회개를 했다는 것과 지옥만은 면하게 된 것을 확신했다고 하셨다. 또한 어르신은 이 일을 보고, 남편과 사는 동안 자신이 겪은 고통을 보신 하느님께서 그동안 자신이 올린 간절한 기도를 받아 주셨다는 징표로 여기게 되었다며 진심으로 하느님께 감사를 드리셨다. 어르신은 그 불에 타지 않은 스카풀라를 남편의 유골함에 함께 넣어 잘 묻었다고 하셨다.

성모님의 성의聖衣 '갈색 스카풀라'는 어깨에 걸쳐진 옷이라는 뜻으로, 1251년 7월 16일, 그 당시의 가르멜 수도원 원장이었던 시몬 스톡 성인에게 성모님께서 발현하시어 스카풀라를 주시며 하신 약속에 그 기원을 두고 있다. 성모님께서는 "이 스카풀라를 착용하며 살다가 죽는 사람은 영원한 지옥 불의 고통을 면할 것이다. 보라, 이는 구원의 표징이며 위험을 당했을 때에 보호가 되는 무기이며 평화가 함께하는 영원한 보증이 되리라."라고 말씀하셨다. 또 성모님께서는 "어떤 죄인이 큰 죄를 저질렀더라도 스카풀라를 착용하고 있다면 죽음의 장막을 넘어오는 순간 영원한 지옥에서 구해질 것이며, 연옥에서 단련을 받아 정화되어 구원에 이르게 될 것이다."라고 말씀하셨다. 성모님의 이러한 귀중한 약속이 알려지자 교회의 모든 신자는 언제나 성모님의 특별한 보호를 받기 위해 성모님의 성의인 스카풀라를 착용하기 시작해, 지금까지 전해 온다.

하지만 오늘날 많은 신자들은 이 스카풀라의 은총을 잘 모르고 있다. 그래서 성모님께서는 또다시 손에 묵주와 스카풀라를 드시고 파티마에 발현하시어 우리에게 일러 주셨다. 1917년 파

티마 발현 때 성모님께서는 루치아 수녀님을 통하여 묵주 기도와 스카풀라는 분리할 수 없다고 말씀하셨다. 가르멜회 신부님이 루치아 수녀님에게 "왜 성모님께서는 스카풀라 옷을 입으시고 발현하셨습니까?"라고 물어보았을 때, "성모님께서는 그렇게 하심으로써 모든 사람이 스카풀라를 지녀야 한다는 당신의 소망을 표시하려고 하셨습니다."라고 대답하셨다. 그리고 또 요한 보스코 성인의 유해 봉안소를 열어 보았을 때 스카풀라가 부패되지 않은 채 발견된 기적 같은 사건도 있었다. 특히 요한 보스코 성인은 자신이 사목하고 있는 청소년들에게 스카풀라를 꼭 착용하도록 하셨는데 이 때문인지 성인의 청소년 사목은 매우 크게 성공했다.

    나도 나의 수호성인이신 요한 보스코 성인을 따라, 내가 사목하는 신자들에게 스카풀라에 대해 알려 드리고 있다. 한번은 내게 이 스카풀라의 은총에 대해 전해 듣고 스카풀라를 항상 착용하고 있던 군종 신부님이 어느 날 눈 덮인 산길에서 자신이 운전하던 자동차가 미끄러져 굴렀는데 자동차는 폐차해야 할 정도로 부서졌지만 신부님은 전혀 다치지 않으셨다는 이야기를 하기도 했다. 또 성모노인쉼터에 오시는 어르신들은 항상 스카풀라를 목에 걸고 성모님께 묵주 기도를 바치시는데, 겨울에 빙판길에서 크게 넘어져도 큰 부상을 면하는 일이 종종 있었다. 나는 이것이 성모님의 도우심이라고 생각한다. 성모님께서는 이렇게 육체적으로도 우리를 보호해 주시는데, 1251년에 발현하시어 '지옥을 면하게 해 주신다'고 우리 영혼 구원에 대해 직접 약속하신 것에 대해서는 얼마나 더 큰 은총을 주시겠는가!

오늘날에도 스카풀라의 은총은 계속되고 있다. 그러나 이게 진짜냐 가짜냐 따지면서, '설마 이것이 무슨 도움이 되겠는가?' 하며 믿지 않으며 대수롭지 않게 여기는 이들이 많다. 그런 사람들을 보신 성모님께서 안타까운 마음에 이런 기적까지 보여 주신 것이 아닐까? 우리는 스카풀라가 성모님께서 구원을 약속하신 옷이며, 성모 마리아를 사랑하고 상경上敬(성모 마리아께 드려야 하는 공경을 상경지례上敬之禮라고 한다.)하는 성모님의 자녀가 되는 특별한 표시임을 잊지 않고, 이를 언제나 착용한다면 우리는 마지막 순간에 성모님의 약속이 이루어짐을 직접 체험할 수 있을 것이다.

하느님, 인간의 마지막 모습이
어찌 이리 처참합니까?

구더기를 요로 깔고
벌레를 이불로 덮었구나.
이사 14,11

    노인 복지 사목을 하면서 가장 많이 입에 올리는 단어는 '죽음'인 것 같다. 그리고 이 '죽음'에 대해 이야기할 때 나는 약 30년 전 겪었던 '용인천주교묘지' 경험을 빼놓을 수 없다. 어찌 보면 주님의 은총으로 그 사목적 경험을 했기에 어르신들에게 더 마음에 와닿는 '죽음'에 관한 이야기들을 들려 드릴 수 있게 되었는지도 모른다.

    해외 연수를 준비하던 1990년 여름, 교구청에서 전화가 왔다. 용인에 있는 묘지가 폭우에 휩쓸려 무너졌는데 연수를 떠나기 전까지 수습하는 일을 도와주라는 것이었다. 주교님의 명이었기에 덤덤한 마음으로 용인 묘지로 향했다. 하지만 그곳에 도착해서 현장을 보는 순간 입을 다물 수가 없었다. 마치 전쟁터를 방불케 하는 그 끔찍한 현장은 말로는 뭐라고 표현할 수가 없는 것이었다. 수마가 할퀴고 간 묘지의 모습과 여기저기 떠내려와 널려 있는 관과 시신들, 흙더미 속에 시신을 찾으러 돌아다니는 가족들의 울부짖음…….

한여름 무더위에 코를 찌르는 부패한 시신들의 악취는 도저히 그 자리에 있을 수 없게 했지만, 나는 영대를 매고 성수를 큰 병에 담아 들고는 의사와 함께 수습된 시신들을 찾아다니며 성수를 뿌리고 기도해 주었다. 의사들이 다니면서 관 위에 시신의 특성을 적어 놓고 있었다. 남자인지 여자인지, 사인은 무엇인지, 나이는 어느 정도인지 해부학 교수인 듯한 의사가 시신을 가족들에게 확인해 주고 있었다.

그중에 지금도 잊을 수 없는 한 시신! 장례를 지낸 지 3개월도 채 되지 않은 것 같은, 50대 여성으로 보이는 시신을 의사와 함께 살펴보고 있었다. 머리에서부터 발끝까지 내려오면서 시신의 상태를 살펴보던 중 갑자기 오른쪽 엄지발톱에 칠해진 빨간 매니큐어가 눈에 들어왔다. 순간 온몸에 소름이 끼치면서 생과 사의 거리에서 느껴지는 그 괴리감에 몸서리가 쳐졌고 표현할 수 없는 어색함에 나는 고개를 돌리고 말았다.

장례를 지낸 지 며칠 지나지 않은 시신부터 이제 막 부패하기 시작한 시신, 형체를 알아볼 수 없이 부패된 시신 등을 하루 종일 보다가 뉘엿뉘엿 지는 해를 바라보며 서울로 돌아오는 길에 나는 하느님께 묻지 않을 수 없었다. "하느님, 우리의 마지막이 꼭 이래야 합니까? 인간의 마지막 모습이 어찌 이리 처참합니까? 아무리 흙에서 왔으니 다시 흙으로 돌아간다지만 이렇게 허무하게 돌아가게 되는 것입니까?" 죽으면 벌레의 밥이 되어 한 줌 흙으로 다시 돌아가게 될 인생인 것을 하루하루를 왜 이렇게 아등바등 욕심을 부리며 살고 있는지 스스로에게 묻고 또 물었다. 그리고 내린 결론은 죽음 앞에서 육신은 이렇게 아무런 힘도 없는 것이며, 죽으면 이렇게 비참하게 끝나는 것이지만, 내 영혼만큼은 육신을 떠나 하느님 나라에 갈 수 있다는 것이었다.

그렇다면 우리의 삶은 어떠해야겠는가? 썩어 없어질 육신을 위한 삶을 살 것인가, 아니면 하느님과 함께 부활할 내 영혼을 위한 삶을 살 것인가? '죽음'은 세상의 끝이 아니라, 허무한 이 세상에서 육신을 벗고 하느님 나라로 떠나는 희망의 시작점이 되는 것이 아니겠는가! 그리하여 최후의 심판 때 그 육신도 부활하여 그 영혼이 천국에 있으면 사기지은四奇之恩(부활한 뒤에 선인善人의 육신이 지니는 네 가지 특성. 썩지 않으며, 영광스러우며, 강하며, 영적인 몸으로 살아난다는 은총을 의미한다.)을 입어 아름답게 되어 천국에 함께 들어갈 것이며, 그 영혼이 지옥에 떨어졌다면 그 육신역시 추악하고 흉하게 되어 지옥에 함께 있을 것이라는 진리를 자주 묵상해야 할 것이다.

우리 천국에서 다시 만나요

장차 우리에게 나타날 영광에 비추어 보면
지금 우리가 겪고 있는 고통은
아무것도 아니라고 생각합니다.
로마 8,18

요양 병원에 가게 되면 주로 맨 위층에 있는 병실부터 먼저 간다. 그리고 아래층으로 내려오면서 거의 모든 병실에 들어가 어르신을 한 분 한 분 뵙는다.

이날도 여느 때와 마찬가지로 맨 위층인 6층부터 시작해서 거의 모든 병실을 다 들른 후 3층에 이르러 이제 다 만나 뵈었다고 생각하고 엘리베이터에 올랐다. 그런데 이상하게도 1층 버튼이 눌리지 않았다. 하는 수 없이 2층에서 내려 걸어가야겠다고 생각하고 2층 버튼을 눌렀다. 2층에서 엘리베이터 문이 열렸을 때 나는 그때서야 2층에 중환자실이 있다는 것을 알게 되었다. 일반 병실에도 워낙 중환자가 많았기 때문에 따로 중환자실이 있으리라고 미처 생각하지 못했던 것이다. 이 중환자실에는 자그마치 45명이나 되는 환자들이 의식이 없는 채로 생사의 문턱을 넘나들고 있었다. 불쌍한 영혼 45명을 놓칠 뻔했다는 생각에 안도의 한숨을 쉬다가 불현듯 '이곳에 마지막으로 간절하게 사제를 기다리고 있는 분이 계신 게 아닌가?' 하는 생각이 들어서 신자 어르신을 찾기 위해 한 분 한 분 꼼꼼히 살펴보았다.

그러다가 마침내 신 베드로 어르신을 만났을 때 나는 하느님의 뜻이 이루어졌다는 생각이 들었다. 신 베드로 어르신은 거의 말씀도 못하시는 상태였다. 코에 고무관을 꽂아 영양분을 공급받고 계셨는데, 얼핏 보기에도 시간이 정말 얼마 남지 않으신 분 같았다. 내가 옆으로 다가가자 아주 어렵게 입을 움직이셔서, 들릴 듯 말 듯한 작은 소리로 '베드로'라고 더듬더듬 자신을 소개하셨다. 음식을 전혀 삼키실 수 없었기 때문에 아주 작게 쪼갠 성체 조각으로 마지막 노자 성체를 영하셔야 했다. 하지만 말씀도 못하시고 전혀 움직이지도 못하시는데도, 성체를 보시고는 금세 상기된 얼굴로 이 사제와 성체를 번갈아 바라보시며 마지막 노자 성체를 영하셨다. 이렇게 병자성사를 받으시고 영성체를 하신 후 할아버지의 두 눈에는 한 줄기 눈물이 주르륵 흘러내렸다. 그리고 눈빛으로 감사의 인사를 하셨다. 정말 작은 조각이었지만 그 작은 성체 조각을 영하시면서 할아버지의 얼굴이 얼마나 경건하셨는지 지금도 또렷이 기억이 난다. 나는 흘러내리는 할아버지의 눈물을 닦아 드렸다. 그리고 돌아서서 나오다가 마지막으로 한 번 더 뒤돌아 할아버지를 쳐다보았다. 할아버지는 마치 먼 길을 떠나실 분처럼 깊은 눈빛으로 나를 바라보고 계셨다. 나도 할아버지를 향해 손을 흔들어 드렸다. 할아버지는 눈으로 이렇게 말씀하시는 듯했다. "신부님, 이렇게 저를 찾아와 주셔서 감사합니다. 저는 이제 그만 이 세상을 떠나렵니다. 신부님, 우리 천국에서 다시 만나요."

중환자실에 계시는 어르신들은 의식 없이 누워 계시지만, 내가 그분들의 귀에 대고 "어르신, 이제 그동안 잘못한 거 다 뉘우치시고 하느님께 진심으로 용서를 청하십시오."라고 회개와 통회를 권하면, 이내 가는 눈물이 흘러내리는 모습을 자주 본다. 그럴 때에 비록 의식 없이 누워서 인공적인 의료 기구들을 통해 생명을 연명하시지만, 이분들의 영혼은 깨어 있음을 알 수 있게 된다. 그분들이 흘리시는 한 줄기 눈물 속에는 지나온 삶에 대한 뉘우침과 후회, 살아온 날들에 대한 감사, 사랑하는 가족 곁을 떠나는 슬픔과 함께 하느님을 뵈러 간다는 희망이 모두 담겨 있지 않을까? 마지막 시간에 임하는 그 마음들을 생각해 보면, 먼 길을 떠나시는 그분들에게 힘이 되어 줄 수 있는 것은, 함께 가 줄 수 없는 가족들의 아쉬움과 슬픔으로 가득 찬 눈물과 따뜻한 말 한마디가 아니라, 새로운 여정에 동반자가 되어 주실 우리 주님께서 당신의 몸을 노자로 주시는 노자 성체路資聖體임을 깨닫게 될 것이다. 그래서 하느님께서는 엘리베이터를 멈추게 하시면서까지 신 베드로 어르신에게 이 사제를 통해 친히 찾아가신 것이 아니겠는가?

백두 살!

노인은 오래 살았다고 해서
영예를 누리는 것이 아니며
인생은 산 햇수로 재는 것이 아니다.
지혜 4,8

노인 복지 사목을 하면서 요양 병원은 물론이고, 일반 병원에 계신 환자들을 방문하는 일도 자주 있다. 그러다 보면 수십 년씩 냉담했던 노인분들이 위독해져서 그 가족들이 마지막 병자성사를 청해 오는 일도 종종 있다.

얼마 전에도 저녁 늦게 연락을 받고 서울의 한 대학 병원에 갔다. 약속한 분들보다 먼저 병원에 도착하는 바람에 로비 의자에 앉아서 잠깐 기다리게 되었다. 밤 9시가 다 되어 가는 시간이라 불도 모두 꺼진 로비 의자에 커피를 한 잔 뽑아 들고 앉았다. 그런데 어두컴컴한 의자 사이에 누워 계시던 어르신 한 분이 내 인기척 때문인지, 커피 냄새 때문인지 몸을 일으켜 세우시며 의자에 앉으셨다. 나는 괜히 쉬고 계신 분을 깨웠나 하는 미안한 마음에 "할아버님, 커피 한잔 드시겠습니까?"라고 여쭈었다. 그러자 그 어르신은 "그래요."라고 하시면서 내 옆에 다가와 앉으셨다. 나는 얼른 일어나 커피를 뽑아다 드렸고 커피를 반갑게 받아 드시는 할아버지와 자연스럽게 대화를 이어 가게 되었다.

"이 늦은 시간에 왜 여기서 주무시고 계세요, 어르신?" 하고 여쭙자, 어르신은 "지금이 아침 아닌가요? 나는 오늘 병원 진료 보는 날이라 일찍 나와서 기다리고 있는 건데요……."라고 말씀하셨다. 아침 시간인 줄 알고 시계를 잘못 보고 나오신 것이었다. 내가 사목하는 성모노인쉼터에서도 종종 치매 걸린 어르신들은 아침에 오셨다가도, 아침인 줄 아시고 저녁 시간에 다시 오시곤 하는 경우를 보았기에, 나는 이분도 약간 치매가 있는 분이라고 생각했다.

연세가 어떻게 되시느냐는 나의 질문에 대한 어르신의 대답이 놀라웠다. "백두 살!" 102세라는 말씀이셨다. 아니, 100세가 넘으신 분이 이렇게 혼자서 다니고 계시다니……. '백세 시대'라는 말이 실감 났다. 그 어르신은 얼마 전 할머니가 돌아가신 후 근처 임대 아파트에서 국민기초생활보장 수급비로 나오는 돈으로 혼자 생활하고 계신다고 하셨다.

조건 대세를 드릴까 해서 여쭈어보니, 자신은 천주교 신자라며 세례명은 베드로라고 하셨다. 정부에서 나오는 월 50만 원 정도의 돈으로 아파트 임대료와 관리비를 내시고, 식사도 싼 음식으로 거의 밖에서 드시며 근근이 생활하신다고도 말씀하셨다. 시간도 늦었으니 얼른 댁에 들어가서 주무시라고 말씀드리니, "이 시간에 차가 다니려나······." 하시며 자리에서 머뭇머뭇 일어나셨다. 지금 차는 있겠지만 언제 버스를 타고 가시려나 하는 생각에 택시를 타고 가시라고 하며 돈 5만 원을 손에 쥐어 드렸다. 5만 원이 꽤나 고마우신지 거듭 인사를 하시며 지팡이를 짚고 병원 문을 향해 걸어가시는 뒷모습을 보다가, 안타까운 마음에 뒤따라가 택시를 태워 드렸다.

나는 베드로 할아버지가 타신 택시가 떠나는 것을 지켜보면서 이렇게 '장수長壽'한다는 것이 신의 축복인가, 재앙인가 나 자신에게 물으며 무거운 마음을 지울 수 없었다.

그렇다면 인생의 마지막 사말四末(사람이 면하지 못할 네 가지의 종말. 죽음, 심판, 천국(연옥), 지옥)을 향해 가는 이 짧은 시간 동안 우리는 신자로서 어떻게 살아야 할 것인가? 이 시간을 마지막 심판을 잘 준비하는 보속과 기도의 시간으로 보낸다면 연옥 단련을 줄이는 은총의 시간이 될 것이다. 그러나 그저 하릴없이 시간을 때우며 죽음만을 기다리는 무의미한 시간으로 보낸다면 사회에도 가족에도 그리고 나 자신에게도 부담만 주는 재앙의 시간이 될 것이다.

저는 천국으로 갈 것을 확신합니다.
그러니 슬퍼하지 마세요

"내가 다시 너희와 만나게 될 때에는
너희의 마음은 기쁨에 넘칠 것이며
그 기쁨은 아무도 빼앗아 가지 못할 것이다."
요한 16,22

요즘 자주 듣게 되는 말 중에 '웰다잉'이라는 말이 있다. 한동안 '웰빙(well-being, 잘 살자)'이라는 말이 유행하더니 이제는 '웰다잉(well-dying, 잘 죽자)'이라는 말이 유행이다. 이 웰다잉이라는 말이 유행하자, 노인 복지에서는 그와 관련된 다양한 프로그램들이 진행되고 있는데, 유서 작성하기, 자신의 묘비명 지어 보기, 삶을 정리하는 기록 남기기, 죽음의 공간인 '관棺'에 실제로 들어가 보기, 장례 계획 세우기, 유언과 상속의 법적 절차에 관해 조언을 듣고 준비하기, 장기 기증에 동의하기 등이 그것이다. 한마디로 나의 죽음을 건강할 때 미리 잘 준비해 놓고 떠나

자는 의미의 활동들을 하는 것이다. 나는 사제로서 이러한 흐름을 보면서 "이런 준비들을 하면서 죽음을 잘 맞이한다고 하자. 그다음은 뭐지? 죽은 다음에는 어떻게 되는 것인가? 또 죽은 다음에 이런 모든 준비들이 본인에게는 무슨 의미가 있다는 것인가?"라는 물음을 던지지 않을 수 없다. 잘 살고, 잘 죽은 다음, 그다음에 대해서는 왜 아무런 말이 없을까? 왜 그다음에 대해서는 아무도 말하지 않는 것일까?

얼마 전 가까운 지인이 선종하여 오랜만에 '용인천주교묘지'를 방문하게 되었다. 30년 전 묘지들이 폭우로 쓸려 내려갔을 때 한 달 동안 수습을 도왔던 이후로는 가 볼 기회가 별로 없었는데, 막상 다시 가 보니 당시의 참혹했던 기억이 떠오름과 동시에 잘 정돈된 묘지들과 새롭게 조성된 납골묘들을 둘러보며 많은 생각을 하게 되었다. 30년 전 그 사건을 계기로 그동안 '용인천주교묘지'에 묻힌 많은 영혼들을 위해 잊지 않고 기도하고 있던 터라 오늘 온 김에 이곳의 영혼들을 위해 더 열심히 기도해 주어야겠다는 생각이 들어 일부나마 한 사람 한 사람 이름들을 불러 주기로 하고, 묘비에 적힌 이름과 글들을 하나하나 둘러보았다. 가족들의 애절함, 회한과 그리움들이 구구절절이 적혀 있었다. 대부분 남은 자녀들이 부모님을 그리며 적은 내용과 먼저 보낸 자식을 애통해하며 부모가 남긴 글이었다.

그런데 그중에서 내 발걸음을 붙잡는 글이 하나 있었다. 45세에 세상을 떠난 젊은 엄마가 가족들에게 직접 남긴 글이었다. "저는 천국으로 갈 것을 확신합니다."라는 말로 시작하는 글은 세상에 남은 어린 두 아들과 남편, 그리고 부모님에게 남기는 글이었다. 나는 '천국으로 갈 것을 확신한다'는 말에 깜짝 놀라 그 글을 끝까지 읽어 내려갔다. "저는 천국으로 갈 것을 확신합니다. 그래서 저는 기쁘게 갈 수 있습니다. 그러니 슬퍼하지 마세요. 오히려 제가 더 행복하니까요." 나는 이 글을 읽는 순간 발걸음을 뗄 수가 없었다. 그리고 젊은 나이에 생을 마감하면서 어떻게 이런 신앙을 품고 있었을까 놀라지 않을 수 없었다. 사진 속에 있는 자매님의 인상은 참으로 선했고 독실한 신자처럼 보였다.

우리는 하느님 안에서 열심히 신앙생활을 하지만, 천국에 갈 것을 얼마나 확신하며 살아가고 있는가? 죽음이 임박했을 때 이 자매님처럼 하느님 나라에 가는 것을 확신할 수 있는 그런 삶을 살고 있는가? 유산을 남기고, 유서를 작성하고, 묘비명을 지어 놓고, 장례 계획을 세워 놓고, 사망 보험을 들어 놓는 것만이 죽음을 잘 준비하는 것이 아니다. 이 자매님처럼 확신에 차서 천국에 갈 것을 굳게 믿으며 기쁘게 죽음을 맞이하는 것, 남은 가족들에게 이 헛되고 헛된 세상을 떠나 하느님 곁으로 가기 때문에 자신이 더 행복하다고 말할 수 있는 그런 삶을 사는 것이 진정한 '웰다잉'이 아니겠는가. 따라서 웰다잉은 죽음이 임박했을 때, 노인이 되었을 때 준비한다고 되는 것이 아니라, 언제 올지 모를 죽음에 대비하면서 이 젊은 엄마처럼 천국에 가는 것을 확신하며 하루하루 거룩한 삶을 살다가 기쁘게 세상을 떠날 때 비로소 이루어지는 것이다.

그저 답답한 오늘날의 현실

너희는 부모를 공경하여라.
너희 하느님 야훼의 분부다.
신명 5,16

하느님의 은총으로 한 요양 병원에서 어르신들에게 병자성사와 조건 대세를 드리고 난 뒤 문을 나서면서 마침 입원하기 위해 들어오시는 한 어르신 가족을 보게 되었다. 요양 병원 마당에 차를 세우고 아들과 며느리, 딸이 차례로 차에서 내렸다. 며느리는 요즘 한창 유행인 핫팬츠를 입고 재빠른 동작으로 할아버지의 짐을 차에서 내리기 시작했다. 이리저리 왔다 갔다 하며 힘든 줄도 모르고 짐을 나르고 있었다. 그리고 아들은 차에서 내려 아무것도 하지 못하고 씁쓸한 얼굴로 먼 하늘만 쳐다보며 서성대고 있었다. 딸은 이러지도 저러지도 못하고 아버지를 한 번 쳐다보고, 짐을 나르는 며느리를 한 번 쳐다보기를 반복하고 있었다. 그리고 할아버지는 지팡이를 짚은 채 깊은 한숨을 내쉬며 요양 병원 건물을 올려다보고 서 계셨다. 할아버지의 겉모습이 아직 요양 병원 신세를 지실 정도는 아닌 것 같다는 생각이 들었기 때문에 할아버지의 얼굴에서 착잡함이 느껴졌다.

드라마와 같은 오늘날의 현실을 보는 것 같았기 때문에 요양 병원 문을 나서다가 만난 이 가족을 나도 모르게 한참을 지켜보게 되었다. 물론 나름대로 어쩔 수 없는 상황이라는 것이 있으므로, 요양 병원에 부모님을 모시는 것에 대해 어느 누구도 단정적으로 판단을 내릴 수는 없다. 하지만 지금까지 요양 병원에서 만나 본 아들, 며느리, 딸의 모습은 각각 자기의 입장을 대변이나 하듯 사뭇 달랐다. 커다란 짐을 던 듯한 며느리의 마음, 요양 병원에 부모님을 모시게 되어 씁쓸해하는 아들의 마음, 자신이 모셔 가지도 못하는 처지라 누구를 원망할 수도 없기에 안타깝기만 한 딸의 마음……. 요양 병원에서 만난 이들의 마음을 이렇게 정리할 수 있을까? 결코 모두가 다 그런 것은 아니겠지만 그동안 많은 이들에게서 이런 마음을 읽을 수 있었다. 그래서 오늘의 이런 현실이 그저 답답할 뿐이다.

얼마 전 방송에서 각 세대의 연예인들이 나와서 부모님을 양로원에 모시는 것에 대해 토론하는 것을 본 적이 있다. 요즘 세태를 반영하듯 세대별로 그 반응은 참으로 달랐다. 원로 연예인들은 자신들 세대에는 부모님을 집에서 모셨기 때문에 당연히 요즘 젊은 사람들도 그렇게 해야 한다고 했고, 젊은이들은 지금 시대가 어떤 시대인데 집에서 모시느냐며 그것은 도저히 불가능한 일이라고 맞섰다. 논쟁이 심해지는 가운데 결국 한 원로 연예인이 "그렇게 요양 시설에 모셔야 한다면 미안한 마음이라도 가져야 한다."라고 결론을 냈다.

　그렇다. 시대가 변했고, 집에서 가족을 돌보는 것보다 사회생활이 더 우선시 되는 세상이 되었다. 하지만 원로 연예인의 말처럼 적어도 시설에 모신 부모님에 대해서 자신의 효孝가 부족하다는 생각을 하며 송구한 마음과 사랑의 마음은 잃지 말아야 한다. 어쩌면 몸이 불편한 어르신을 더 잘 돌볼 수 있는 곳은 가정보다 시설이 잘 갖춰진 요양원이나 요양 병원일지도 모른다. 하지만 이러한 요양원이나 요양 병원이 자식들에게 받는 사랑을 전적으로 대신해 줄 수는 없는 것이다. 많은 노인 복지 시설들이 "자식 같은 마음으로 가족처럼 돌보아 드리겠습니다."라는 표어를 내건다. 어쩌면 이 말은 자식들을 위로하기 위한 말일지도 모른다. 그렇다면 적어도 자신의 부모님이 요양 시설에서 남은 생을 의미 있게 잘 마무리할 수 있도록 도와 드리는 효도만이라도 해야 할 것이다. 더욱이 신자라면 병자성사와 마지막 노자 성체를 받으실 수 있도록 사제를 모시도록 하고, 기도 생활 안에서 남은 삶을 하느님께 맡길 수 있도록 적극적으로 도와 드려야만 할 것이다.

주님께서 내일 오신다!

"오늘 이 집은 구원을 얻었다."
루카 19,9

항상 병실에 들어서며 나는 "천주교 신자 있으세요?"라고 묻는다. 그날은 한 할아버지가 반갑게 손을 드시며 나를 맞아 주셨다. 오른쪽 전신이 마비되신 바오로 할아버지였다. 할아버지는 간신히 몸을 웅크리거나 겨우 앉아 계실 수 있는 분이셨다.

할아버지에게 병자성사를 드리고 성체를 영해 드리자, 할아버지는 깜짝 놀랄 고백을 하셨다. "신부님, 어젯밤 꿈에 '주님께서 내일 오신다.'라는 소리를 들었습니다." 어젯밤 꿈에서 형체는 보이지 않는데 그런 소리가 분명히 들렸다는 것이다. 그래서 하루 종일 그게 무슨 소리일까 궁금해하시며 지냈는데,

이렇게 신부님이 오셔서 오늘 성체를 모셨으니 그 꿈이 이루어졌다고 하시며 기뻐하셨다.

나는 하느님의 이 놀라운 섭리에 놀라지 않을 수 없었다. 바오로 할아버지가 꿈속에서 어떤 목소리를 들으셨다는 이야기도 놀라웠지만, 그보다 더욱 놀라운 것은, 원래는 오늘 이 요양 병원을 방문할 계획이 아니었다는 사실이었다. 옆에 있는 더 큰 요양 병원을 방문하기로 하고 나왔는데, 갑자기 다리가 많이 아파서 하는 수 없이 바로 옆에 있는 조금 작은 요양 병원으로 발길을 돌렸던 것이다. 요양 병원을 방문할 때마다 병원 방문 사목은 하느님께서 친히 이끄시는 일이라는 것을 믿고는 있었지만, 오늘 하느님께서 그것에 대해 더 명백히 알려 주시고자 하신다는 생각이 들었다. 그동안에도 요양 병원을 방문할 때마다 놀라운 일들이 소소하게 있었지만, 지난주에 방문했던 요양 병원에서 있었던 일과 연달아 오늘 일어난 일을 보니 하느님께서 영혼들을 직접 구하시기 위해 이 일을 안배하고 계심을 확신할 수 있었다.

지난주에는 처음에 요양 병원을 방문하려고 계획을 세웠으나, 그날 다른 중요한 일정이 겹치는 바람에 그 계획대로 하지 못할 뻔했다. 그런데 다행히 일정이 조금 빨리 마무리되는 바람에 그 근처의 요양 병원을 방문할 수 있었다. 여느 때처럼 병실을 돌고 나서 마지막으로 중환자실에서 조건 대세를 드리고 있었는데 거의 다 끝나 갈 무렵 갑자기 "할아버지, 정신 차리세요. 할아버지!" 하는 간호사의 다급한 목소리가 들려왔다. 돌아다보니 방금 전 조건 대세를 드린 할아버지가 막 세상을 떠나시는 상황이었다. 의료진의 바쁜 움직임에도 불구하고 그 할아버지는 결국 선종하셨다. 할아버지가 대세를 받으시고 불과 1분도 지나지 않는 사이에 임종을 맞으신 것이었다. 한 영혼이 구원의 길목에 들어서는 행복한 순간이었다.

  이날 있었던 일은, 하느님께서 요양 병원을 방문하면 얼마나 많은 영혼이 구원될 수 있는지 직접 보여 주신 것이라는 생각이 들었다. 직접 확인할 수는 없었지만 그동안 조건 대세를 받은 어르신 중에 얼마나 많은 영혼이 이런 식으로 구원의 길로 들어섰을까 하는 생각이 들어, 하느님께 진심으로 깊은 감사의 기도를 드렸다. 그리고 하느님께서 영혼 하나라도 더 구하시고자 얼마나 애쓰고 계시는지 확실하게 깨닫게 되었다. 또 하느님께서 나를 직접 이끌고 계신다는 것도 명백하게 깨닫게 되었다. 이제는 아무런 표시가 없는데도 누가 신자인지 알아보는 경우가 있는 것도, 어느 요양 병원에 가든지 신자인 간호사를 만나게 해 주시는 것도, 요양보호사들의 친절한 안내를 받을 수 있는 것도, 의사소통이 안 되는 신자들과도 소통할 수 있게 된 것도, 모두 하느님께서 나를 친히 이끌고 계시다는 증거가 아니고 무엇이겠는가.

2장

보속할 수 있는
시간을
조금만 더 달라고
기도했습니다

수의 대신 '땡땡이' 무늬 나일론 천으로

우리는 아무것도 세상에 가지고 온 것이 없으며
아무것도 가지고 갈 수 없습니다.
1티모 6,7

 1990년 여름 '용인천주교묘지'에서 폭우에 떠내려간 시신들을 수습하는 일을 하던 그때를 생각하면 아직도 부모의 유골을 찾지 못할까 봐 오열하며 묘지 이곳저곳을 뛰어다니던 자녀들의 모습, 자녀를 먼저 앞세운 것도 감당할 수 없는 슬픔인데 그 아들의 유골을 다시 찾아 묻어야 하는 부모의 애끓는 울부짖음이 생생히 떠오르곤 한다.
 그 아비규환阿鼻叫喚 속에서 어느 한 아들이 나에게 뛰어와서 눈물을 닦으며 했던 말이 지금도 가슴에 남아 있다. "신부님, 저는 어머니 유골을 찾았습니다. 형편이 너무 어려워 수의도 못해 드렸는데……. 그래서 수의壽衣 대신 '땡땡이' 무늬 나일론 천으로 돌아가신 어머니를 싸서 보내 드렸는데……. 그 천이 썩지 않아 어머니를 찾았습니다."

함께 기뻐해 줘야 할지, 가슴 아파해야 할지……. 수의도 못 해 드리고 어머니를 차가운 땅에 묻었던 아들의 그 당시 심정이 어떠했겠는가? 그런데 지금은 그 덕에 모친의 유골을 찾았으니 오히려 잘된 일이라고 해야 할 것인지……? 그저 '땅에 묻혀 썩으면 수의도 소용이 없구나.'라는 생각뿐이었다. 육신과 함께 썩어 없어질 수의인데 우리는 비싸니 싸니, 진짜니 가짜니, 국산이니 중국산이니 운운하며 수의를 준비하는 일에 마음을 쓴다. 흙과 함께 썩어 흔적도 없이 사라질 관棺인데, 더 좋은 관, 비싼 관을 찾는다. 부모님이 살아 계실 때는 홀로 외롭게 해 놓고는, 돌아가시고 나니 비싼 수의에 좋은 관, 즐비하게 세워 놓은 화환들로 부모의 죽음을 애도한다며 효자인 척(?) 하기도 한다. 하지만 이미 돌아가신 후에 이 모든 것이 다 무슨 소용이 있겠는가?

어느 본당에서 사목할 때 연령회장님이 하신 말씀이 생각난다. 한 교우가 선종하여 다음 날 입관을 하는데, 그 돌아가신 교우가 한 손을 꼭 움켜쥐고 있어서 어렵사리 손가락을 하나씩 피셨다고 한다. 그런데 꼭 움켜쥐고 있던 손을 펴 보니 손바닥에는 100원짜리 동전 하나가 있더라는 것이다. 연령회장님은 "신부님, 우리는 죽으면 100원짜리 동전 하나도 가지고 갈 수 없는 것이군요."라고 씁쓸하게 말씀하셨다.

그렇다! 우리는 죽을 때 100원짜리 동전 하나도 가지고 갈 수 없는 신세다. 아무것도 가지고 갈 수 없기 때문에 모든 수의에는 주머니가 없다. 그런데도 우리는 마치 죽을 때 다 가지고 가기라도 할 것처럼 마지막까지 자신의 주머니를 가득 채운다. 그리고 좋은 옷을 입었다고 천국에 먼저 가는 것도 아닌데 좋은 수의를 마련하려고 욕심을 낸다. 또 썩지 않고 천국에 갈 수 있다고 생각하는지 마지막 잠자리인 관도 최고급으로 마련하려고 애쓴다. 하지만 결국 이 모든 일이 땅에 묻힌 후에는 아무 소용이 없다. 어쩌면 돈이 없어 수의도 입지 못하시고 '땡땡이' 무늬 나일론 천을 휘감고 가신 그 어머니가 더 빨리 천국에 들어가셨는지도 모를 일인 것이다.

그렇다면 우리가 죽음을 잘 준비한다는 것은 좋은 수의를 미리 마련해 놓고, 고운 모습의 영정 사진을 준비해 두고, 양지바른 명당에 묫자리를 마련해 두는 것이 결코 아닐 것이다. 또 우리가 부모님의 장례를 잘 치러 드리는 것은 비싸고 좋은 관에 부모님을 모셔 드리고 넘치는 꽃으로 장례식장을 장식해 드리고 거창하게 장례식을 치러 드리는 것이 아닐 것이다. 이 모든 일은 이미 세상을 떠나 고인故人이 된 영혼에게는 아무런 의미도 도움도 되지 않는다. 연옥에서의 단련을 조금이라도 줄이고 천국에 들기 위해 지은 죄를 열심히 보속하고 공로를 쌓는 것이 죽음을 잘 준비하는 것이며, 돌아가신 부모님이 한 시간이라도 빨리 연옥에서의 시간을 줄일 수 있도록 미사를 자주 봉헌해 드리고 연도를 매일 바쳐 드리는 것, 그리고 나의 공로를 부모님에게 돌려 드리는 것이 더 중요한 일이라는 것을 우리는 깨달아야 할 것이다. 나는 사제로서 우리 모두가 '더 늦기 전'에 이를 깨닫기를 오늘도 기도드린다.

보속할 수 있는 시간을
조금만 더 달라고 기도했습니다

"네가 마지막 한 푼까지 다 갚기 전에는
결코 거기에서 풀려 나오지 못할 것이다."
마태 5,26

　병실에 들어서자 할아버지 한 분이 '9일 기도' 책을 펼쳐 놓고 묵주 기도를 바치고 계셨다. 할아버지는 20년 동안 냉담했다가 이곳 요양 병원에 오시면서 얼마 전에 냉담을 푸신 분이셨다. 겉으로 보기에는 너무 건강해 보였지만 허리가 아파서 전혀 걷지를 못하셨다. 요양 병원에 계신 지도 어느덧 44개월이 된다고 하시는 말씀에 하루하루 날짜를 세고 계신다는 것을 짐작할 수 있었다.
　"이제야 하느님께 돌아오게 되었습니다. 너무 늦은 것이 아니라면 좋겠습니다." 할아버지는 하느님을 잊고 살아온 20년에 대해 깊이 뉘우치고 계셨다. "먹고살기가 너무 힘들어서 하느님을 멀리했습니다. 가방끈도 짧고 교리 지식도 없었습니다. 집사람과 저는 모두 천주교 집안의 신자들이었지만 생활이 너무 어려워서 하느님을 떠나 있었습니다. 성당에 나가야겠다는 생각은 했지만 먹고사는 데 급급해서 다니지 않았습니다. 그러다가 어느 정도 경제적 어려움이 풀려서 좀 살 만해졌다 싶어 우리 내외가 다시 성당에 나가기로 마음을 먹고 준비를 하고 있었는데……." 할아버지의 눈에 눈물이 핑 돌았다. 그리고 떨리는 목소리로 "그런데 별안간 집사람이 세상을 떠났습니다."라고 하셨다. 부인이 갑자기 쓰러져서 큰 대학 병원으로 옮기셨는데 이미 숨이 끊어지신 뒤였다고 하셨다. 그리고 원인도 병명도 모른 채 그렇게 부인을 떠나보내자 너무 황당하고 화가 나서 견딜 수가 없었다고 하셨다.

"갑자기 집사람을 데려간 하느님이 원망스러웠습니다. 그동안 성당도 나가지 않고 아무런 준비도 못했는데 그렇게 갑자기 데려가시면 우리 집사람의 영혼은 어떻게 되겠습니까? 지옥밖에 더 가겠습니까? 집사람이 너무 불쌍해서 견딜 수가 없었습니다. 저 때문에 집사람이 그렇게 불쌍한 영혼이 된 것만 같아서 너무 화가 났습니다. 그때 저는 교리를 잘 몰랐기 때문에 집사람이 분명히 지옥에 갔을 거라고 생각했습니다. 그래서 나 혼자 잘 살아 천국 가면 뭐하겠나 하는 생각이 들었습니다. 불쌍한 집사람은 지옥에 보내 놓고 나만 천국 가서 어쩌겠는가 하고 생각하여 대충대충 살기로 했습니다. 결국 성당에도 나가지 않고 하느님도 잊어버린 채 막 살았습니다. 그러다가 그만 이렇게 되고 말았습니다. 허리를 못 쓰게 되어 요양 병원에 입원한 지 2년이 지나자 제정신이 들기 시작했습니다. 내가 하느님께 얼마나 큰 죄를 지었는지 깨닫게 되더군요. 어떻게든 하느님께 다시 돌아가야겠다고 생각했습니다. 하지만 요양 병원 안에서는 아무것도 할 수가 없었습니다. 이 사람 저 사람에게 수소문을 했습니다. 내가 천주교 신자인데 하느님께 돌아갈 무슨 방법이 없겠느냐고 묻고 다녔습니다."

그러다가 할아버지는 신자인 간호사를 만나게 되셨고, 이 요양 병원에 인근 성당의 레지오 단원들이 매주 방문을 온다는 사실도 알게 되셨다고 한다. 그 간호사의 도움으로 레지오 단원들을 통해 신부님을 뵙게 되었고, 2년 전 고해성사를 보고 냉담도 풀었다고 하셨다. 지금은 매달 봉성체도 받고 계신다고 하셨다. "집사람이 떠난 지 10년 만이었습니다." 할아버지는 이제 당신이 해야 할 일은 보속하는 것뿐이라고 하셨다. 레지오 단원들을 만나면서부터 부인이 지옥에 가지 않았을 수도 있다는 것을 알게 되었기 때문에 부인을 위해 매일 묵주 기도를 바친다고 하셨다. "지옥에 가지 않고 연옥에 있다면 많은 기도가 필요하다고 들었습니다. 그러니 제가 여기서 열심히 기도해 주어야 합니다."

얼마 전 통증이 너무나 심하게 찾아와서 죽을 것만 같았을 때 할아버지는 성수聖水를 마시면서 간절하게 기도했다고 하셨다. "제발 집사람과 저를 위해 제가 보속할 수 있는 시간을 조금만 더 달라고 기도했습니다. 남은 시간 묵주 기도를 통해 보속을 다하고 갈 수 있도록 기회를 달라고 기도했습니다." 그리고 지금은 통증도 없이 기적적으로 좋아졌다고 하셨다.

지금 할아버지는 매일 텔레비전으로 가톨릭평화방송에서 나오는 미사를 보시고 묵주 기도를 바치시며 하루를 보내신다. 혼자 계실 수 있는 시간이 별로 없고 하루 종일 병실에 틀어져 있는 텔레비전 때문에 기도하시기가 좀 어렵지만, 꾸준히 묵주 기도를 하시며 보속하고 계셨다. 자신의 삶이 얼마나 어리석었는지 이제야 알 것 같다고 하시며 그래도 이렇게 뒤늦게라도 하느님께 돌아온 것이 너무나 감사한 일이라고 생각하셨다. 이제 인간적인 욕심이 아니라 자신과 부인의 지나온 삶에 대한 보속으로 남은 시간을 열심히 기도하시면서 살고 싶다고 하시는 할아버지의 얼굴은 너무나도 평화로워 보였다.

엄마, 나는 많이 줘

주님을 의지하면 주님께서 힘을 주시리라.
전능하신 주님은 오직 하느님뿐이며,
그분 홀로 구세주이시다.
집회 24,24

누구나 느끼는 바이겠지만 요즘처럼 혼탁하고 암울하고 힘든 시기가 또 있었을까?

살아오면서 또 사목을 해 오면서 사회는 물론이거니와 교회를 보면서 이토록 답답하고 안타까웠던 적도 또 없었던 것 같다. 요즘 들어 안팎으로 어려워진 신자분들이 부쩍 많이 기도를 청하러 오는 것도 그 이유 때문인 것 같다. 이분들을 만나면서 문득 예전에 본당 사목을 하던 시절에 만난 나이 지긋한 나환우 자매님이 떠올랐다.

이 자매님은 이 성당 저 성당을 다니면서 물건을 팔아서 생계를 꾸려 가시는 가난한 나환우였다. 우리 성당에도 여러 번 찾아와 물건을 팔아 드린 적이 있었는데, 그나마 그때는 그분의 형편이 조금 나아진 뒤였다. 이런저런 얘기를 나누던 중 남편도 없이 나환우로서 자녀 셋을 키우면서 숱한 삶의 고비들을 넘겨 온 소중한 아픈 이야기들을 들려주셨다.

성한 몸도 아니고 여자 혼자의 몸으로 아이들 셋을 키운다는 것이 어디 쉬운 일이었을까? 어떻게든 살아 보려고 애쓰다 도저히 안 되겠다 생각이 든 적도 어디 한두 번이었을까? 한번은 며칠 동안 쌀 한 톨도 구하지 못해 배를 곯고 있는 아이들 셋을 보며 더 이상 살아갈 방도를 찾지 못하고, 이제는 정말 끝이라는 생각이 들어, 아이들을 데리고 죽기로 결심을 한 적이 있었다고 하셨다.

"여러 한약방을 돌며 애들이 배가 너무 고프다고 하니 꿩이라도 잡아먹게 청산가리를 좀 달라고 부탁하여 조금씩 청산가리를 모았습니다. 그게 어느 정도 양이 되었을 때 아이들 셋을 불러 앉혔습니다. 엄마 앞에 올망졸망 모여 앉은 아이들은 새처럼 입맛을 다시며 엄마 손을 바라보고 있었지요. 막내 녀석은 아무것도 모르고 그저 배고픔에 '엄마, 나는 많이 줘.'라고 보채고 큰아이는 눈치를 챈 듯 눈물을 훔치고 있었습니다. 미어지는 가슴과 흐르는 눈물을 가까스로 참으며 숟가락으로 청산가리 가루를 뜨는 그 순간…… 뭔가 알 수 없는 흰옷 입은 사람이 제 손을 탁 치며 지나가는 것이 느껴졌고, 청산가리 가루가 바닥에 모두 쏟아져 버렸습니다. 초라한 왕골 방바닥에 쏟아진 청산가리 가루는 도저히 주워 담을 수 없이 왕골 사이로 모두 빠져 버렸습니다."

자매님은 세 아이들을 부둥켜안고 네 식구가 한데 엉켜 한없이 울었다고 하셨다. 그리고 나서 자매님이 방문을 열고 나와 보니 누군가가 쌀 한 말을 방문 앞 툇마루에 놓고 간 것을 볼 수 있었다. 자매님은 그 쌀로 그 힘든 고비를 넘길 수 있었다는 것이다. 자매님은 그날 이후 어떤 어려움이 닥쳐도 다시는 그와 같은 생각은 단 한 번도 품지 않고 용기를 내어 열심히 지금껏 살아왔다는 이야기로 끝을 맺으셨다. 자매님은 그 일이 하느님께서 천사를 보내셔서 하신 일이라고 믿고 계셨다. 몇 년이 지난 후, 내가 다른 본당에서 사목을 하고 있을 때 자매님은 세 자녀 모두 결혼해서 잘 살고 있다는 소식을 가지고 찾아오셨다.

요즘 같은 때 우리는 모두 이런 기적을 기다린다. 어떤 희망도 보이지 않는 오늘날을 살면서 우리가 가질 수 있는 희망은 오직 하느님뿐이라는 것을 우리는 신자이기에 잘 알고 있다. 우리의 유일한 희망이신 하느님께 모든 것을 맡기고 매달린다면 그분은 절대로 우리의 손을 놓지 않으신다. 어떤 일도 하실 수 있는 전지전능하신 그분의 사랑과 은총에만 의지한다면 우리에게도 또 다른 기적들이 일어날 것이다!

하느님께서 시어머니를 위해
저를 살려 두셨습니다

그러나 주님께서는 회개하는 자들이
당신께로 돌아올 길을 열어 놓으시고
희망을 잃은 자에게는 힘을 주신다.

집회 17.24

밤 11시, 막 잠자리에 들려고 하는데 신자인 요양보호사분으로부터 전화가 걸려 왔다. 할머니 한 분이 아주 위급한 상태인데, 시간이 너무 늦어 본당 신부님에게는 연락이 되지 않는다고 하셨다. 그러면서 병자성사를 꼭 받으셔야 하는 분이라고 다급하게 말씀하셨다. 경기도 포천에 있는 요양 병원에 계셨는데 상태가 위독해져서 서울 중구에 있는 병원으로 가고 계시다는 말씀도 덧붙이셨다. 그래서 나는 그럼 그 병원에 가서 기다리고 있겠다고 하고는 서둘러 준비를 하고 나섰다.

노인 복지 사목을 하다 보면 한밤중에 어르신이 위급하다는 전화가 올 때가 종종 있다. 다행히 병원이 성모노인쉼터에서 가까운 곳에 있었기 때문에 내가 먼저 병원에 도착해 기다릴 수가 있었다. 한창 메르스 때문에 병원 응급실 출입이 어려운 때여서, 나는 차가 도착하면 할머니가 응급실로 들어가기 전에 얼른 병자성사를 드려야겠다고 생각하며 준비하고 있었다. 얼마 지나지 않아 차가 도착했고, 할머니를 모시고 온 며느리는 이 할머니를 클라라라고 소개하시며 짧고 간단하게 시어머니에 대해 말씀해 주셨다. 나는 클라라 할머니의 귀에 대고 모든 것을 다 뉘우치라고 말씀드리며 십계명을 하나씩 되짚어 주면서 고해성사를 드렸다. 클라라 할머니는 말씀은 못하셨지만, 내가 한 말씀 한 말씀 드릴 때마다 눈물을 흘리셨다. 그렇게 병자성사를 받으시고 할머니는 응급실로 들어가셨고, 주변에 대기하던 자녀들과 가족들도 줄지어 응급실로 따라 들어갔다. 그 모습들을 뒤로하고 나는 안도하는 마음으로 클라라 할머니를 위해 기도하며 사제관으로 돌아왔다.

물론 모든 신자들은 때와 장소에 상관없이 마지막 고해성사를 보고 병자성사를 받고 선종을 맞이해야 하지만, 클라라 할머니에게는 반드시 그래야만 하는 이유가 있었다. 며느리가 그렇게 애타게 한밤중에 사제를 찾아다닌 이유가 있었던 것이다. 클라라 할머니는 신자임에도 불구하고 40년 동안이나 무당 노릇을 하며 살았다고 하신다. 신자로서 하느님을 등지고 마귀에게 붙어서 반평생을 살아오신 셈이었다. 며느리는 그런 시어머니를 위해 수십 년 동안 기도했지만, 시어머니를 다시 하느님께 이끌지는 못했다고 한다.

사제관으로 돌아오자 할머니에 대한 응급 처치가 끝났는지 며느리에게서 감사하다는 전화가 왔다. 고해성사를 보시고 나서 시어머니가 얼마나 많이 우셨는지……. 계속 우시는 시어머니가 진정으로 회개하신 것 같았다고 전하며 며느리도 함께 울고 있었다. 그러면서 며느리는 자신의 사정을 이야기했다.
"신부님, 하느님께서 시어머니를 천국에 보내 드리고 오라고 저를 지금껏 살려 두신 것 같습니다. 사실 저는 세 차례나 암에 걸렸습니다. 너무 고통스러웠지만 죽지 않고 지금까지 살아 있습니다. 제가 지금까지 살아 있는 것은 오직 신자이면서도 40년 동안 무당이었던 시어머니를 회개시키고, 그 속죄를 위해 더 살다 오라는 하느님의 뜻인 것 같습니다. 신부님, 감사합니다." 보기 드문 효부라는 생각이 들었다. 신자이면서도 무당으로 산 시어머니가 얼마나 야속하고 미웠겠는가! 그런데 그런 시어머니를 회개시키기 위해 세 차례나 암을 이겨 낸 며느리가 다 있다니…….

　3일이 지나서 할머니의 선종 소식이 전해졌다. 며느리의 착한 마음과 할머니의 회개를 하느님께서 받으시고, 회개할 수 있는 시간을 3일 주셨던 것이다. 지옥에 떨어질 뻔한 한 불쌍한 영혼을 구원의 길로 이끌어 주셨으니 이 얼마나 기쁘고 감사한 일인가. 하느님, 진심으로 감사드립니다.

여기는 지옥이다! 지옥!

그의 수명은 하루살이와 같은데도
괴로움으로만 가득 차 있습니다.
욥 14,1

"여기는 지옥이다! 으악! 지옥이야 지옥!" 병실에 들어서자 할아버지 한 분이 고래고래 소리치고 계셨다. 워낙 다양한 분들을 보았지만, 이렇게 소리를 지르시는 경우는 처음이었다. 조금 당황스럽기는 했지만 틀린 말도 아니라는 생각이 들었다.

일단 나는 그 어르신을 그냥 지나쳐 먼저 천주교 신자인 어르신들에게 병자성사와 성체를 영하게 해 드리고 나서 소리를 지르던 할아버지 곁으로 살며시 다가갔다. 할아버지는 로만 칼라를 한 사제가 가까이 다가가자 경계를 하시는 듯 조금 전보다 더 큰 소리로 "여기는 지옥이다! 지옥!"이라고 또 소리치셨다. 그래서 나는 "맞습니다. 할아버지. 여기는 지옥 같은 곳입니다!" 하고 맞장구를 쳐 드렸다. 할아버지는 눈이 휘둥그레지시더니 눈을 끔뻑끔뻑 하시며 나를 똑바로 쳐다보셨다. "할아버지, 말씀이 옳습니다. 이 세상살이가 지옥처럼 생각되시지요? 그러니 여기서 빨리 탈출하셔야 하지 않겠어요? 자, 기도해 드릴게요……. 빨리 지옥 같은 이곳에서 벗어나 천국으로 가셔야지요."

할아버지에게 하느님을 믿느냐고 여쭈었더니 고개를 끄덕거리셨다. 그래서 간단하게 4대 교리(하느님 존재存在, 상선벌악賞善罰惡, 삼위일체三位一體, 강생구속降生救贖)를 설명해 드린 후 대세를 드렸고 할아버지는 고마워하시더니 곧 편안해지셨다. 그러고는 짧게 "감사합니다."라고 인사하셨다. 치매 증상이 심한 어르신들이 계시는 곳에서는 낯선 광경도 아니지만, 한바탕 해프닝으로만 웃으며 넘길 수 있는 가벼운 일도 결코 아니었다.

전에 갔던 한 요양 병원에서는 신자이신 할머니 한 분이 우리 일행을 졸졸 따라다니시며 탈출을 시도하신 적도 있었다. 따님의 연락처라고 하시며 전화번호를 적은 쪽지를 병원 직원들 몰래 내 손에 쥐어 주시며 "얼른 와서 나를 이 감옥에서 꺼내 달라고 전해 주세요."라고 속삭이셨다. 그 모습을 본 요양보호사는 그 어르신이 방문하는 사람들마다 다가가서서 그런 행동을 하신다고 했다. 그때는 할머니가 치매에 걸려서 저러시는 것이겠지 하며 가볍게 생각하고 넘겼는데, 오늘 '지옥'이라고 소리를 치시는 할아버지를 뵈니 그 할머니의 행동이 이해가 됐다.

어느 날 갑자기 자식들 손에 이끌려 요양 병원이라는 곳에 들어왔는데 1년, 2년, 3년…… 시간이 지나감에 따라 이곳은 어르신들에게 아무런 희망도 느낄 수 없는 지옥과 감옥이 되어 버린 것이다. 감기에 걸려 며칠만 외출을 못 해도 그렇게 괴롭고 갑갑한데, 환자복을 입고 남아 있는 생을 좁은 병실과 침대에서 지내야 하는 이분들에게 요양 병원이라는 곳은 그저 지옥처럼, 감옥처럼 느낄 수밖에 없는 것이다. 어쩌면 장수 시대에 삶을 '지옥' 또는 '감옥'이라 느끼는 것은 비단 요양 병원에 계신 어르신들뿐만이 아닐지도 모른다. 지옥이라는 말의 의미는 곧 희망과 사랑의 부재不在를 의미한다. 나를 이 세상에 내신 신神을 알지 못하고 어떻게 사는 것이 가치 있는 것인지도 모른 채 인간의 욕망, 재물, 권력, 지식, 명예 등 무가치한 것들에 삶의 목적을 두고 살아가는 것이 나를 지옥에 가두는 것은 아닐까? 하느님 사랑 안에서 나를 내신 하느님께 돌아갈 날을 기다리며 겸허하게 인생을 정리하는 나날을 보내지 않는다면 할아버지처럼 매일 "여기는 지옥이다!"라고 외칠 수밖에 없을 것이다. 그러니 한 영혼이라도 더 이 지옥 같은 생을 마감하고 영원한 행복이 있는 하느님 나라로 가는 길이 더 가볍고 빨라질 수 있도록 도와 드리는 것은 얼마나 중요한 일이며 하느님께서 얼마나 원하고 계시는 일인지 점점 더 깊이 깨닫게 된다.

사제를 만날 마지막 기회다!

우리 하느님,
이 종이 드리는 간절한 기도를
이제 들어주십시오.
다니 9,17

    시간이 갈수록 하느님께서 왜 나를 요양 병원을 방문하도록 이끄셨는지 점점 더 분명히 알게 된다. 며칠 전 만난 모니카 할머니도 나에게 이러한 깨달음을 준 어르신이다. 나는 모니카 할머니를 보면서 사제로서 정말 큰 감동을 받았다.

    나는 이날도 여느 때처럼 중환자실에 들어서 문 앞에 계시는 중환자부터 조건 대세를 드리기 시작했다. 그런데 반대쪽에 계시는 할머니 한 분이 내가 병실에 들어서자마자 갑자기 몸을 흔들기 시작하시는 것이었다. 워낙 중환자인 분들이 계시는 병실이어서 그 할머니의 상태가 위중한 것은 아닌가 걱정이 되었다.

 내가 할머니 쪽으로 가까이 가자 할머니의 몸부림은 더 심해지셨다. 그런데 내가 할머니 앞에 다다라 "할머니, 천주교 신자세요?"라고 묻자, 할머니는 온 힘을 다해 고개를 끄떡이시는 것이었다. 그리고 세례명이 무엇이냐고 묻자 할머니는 당신의 손바닥 위에 다른 쪽 손으로 뭐라고 쓰셨다. 그러나 도무지 무슨 글자인지 알 수가 없었다. 나는 그분에게 병자성사를 드렸다. "성부와 성자와 성령의 이름으로……." 할머니는 그 불편하신 몸으로 애써 성호를 긋고 계셨다. 그리고 성체를 모신 뒤에는 두 눈에서 눈물이 흘렀다. 나는 마음이 찡해 왔다.

 할머니는 또다시 자신의 손바닥에 글자를 쓰기 시작하셨다. 'ㅁ'이라고 쓰신 듯해서 "마리아세요?" 하자 고개를 저으시며 다시 쓰셨다. 마음대로 움직여지지 않는 손놀림으로, 할머니는 몇 차례 자신의 손바닥에 본인의 세례명인 '모', '니', '카' 세 글자를 쓰셨다. "네, 모니카 할머니!"라고 불러 드리자, 할머니는 그제야 안도와 기쁨의 한숨을 내쉬었다. 순간, 가슴이 먹먹해져서 아무런 말도 할 수가 없었다. 그저 할머니의 손을 잡고 눈물이 흐르는 할머니의 두 눈을 바라볼 뿐이었다.

 할머니는 내가 중환자실 문을 열고 들어서는 순간부터 사제인 걸 알아보시고 자신이 천주교 신자임을 알리시기 위해 그토록 몸부림을 치셨던 것이다. 코에 산소 줄을 연결하여 말도 할 수 없고 움직일 수도 없었지만, 행여나 내가 그냥 지나칠까 봐 잘 움직이지 않는 몸을 필사적으로 흔드셨다. 할머니는 사제를 만날 마지막 기회라는 절박함, 절대로 이 기회를 놓치면 안 된다는 생각으로 온몸으로 자신의 존재를 알리려고 하셨다.

중환자실에서는 환자의 침대 주위에 작은 십자고상을 모셔 놓거나 묵주를 걸어 놓은 경우에만 신자임을 알 수 있다. 그래서 나는 경험상 중환자실에서 본인이 직접 신자임을 알리는 것은 거의 불가능하다고 여겨 왔었다. 그동안 요양 병원에서 어르신들에게 수없이 조건 대세를 드리고, 마지막 병자성사를 드리고 성체를 영하게 해 드렸지만 모니카 할머니의 이 마지막 영성체를 위한 필사의 몸부림만큼은 어떻게 말로는 표현할 수 없는 감동적인 모습이었다.

어쩌면 모니카 할머니는 부족한 이 사제를 만나 노자 성체를 받기 위해 지금까지 하루하루를 힘들게 버티고 계셨는지도 모른다. 할머니는 날마다 예수님을 모시게 해 달라고, 사제를 보내 달라고 얼마나 애절하게 기도하셨을까? 하느님께서 모니카 할머니의 기도를 들으시어 나를 이 요양 병원으로 이끌어 주신 것이 아닐까? 얼마나 많은 신자 어르신들이 모니카 할머니처럼 요양 병원에서 사제를 기다리고 계실지 생각하니 마음이 아파 왔다. 그리고 하느님께서 이 엄청난 당신의 일에 나약하고 부족한 몽당연필 같은 나를 '사랑의 단어'를 쓰는 도구로 써 주심에 그저 감사드릴 뿐이었다.

이런 복이 또 어디 있겠습니까!

자녀 된 사람들은 부모에게 순종하십시오.
이것이 주님을 믿는 사람으로서
마땅히 해야 할 일입니다.
에페 6,1

여느 때처럼 나는 병실에 들어서며 "천주교 신자 있으세요?" 라고 물었다. 창가 쪽 침대에서 할아버지 한 분이 돌아누웠던 등을 돌리시며 힘없는 손을 어렵게 드셨다. "신부님, 저는 천주교 신자입니다. 그런데 수십 년 동안 냉담했습니다." 나는 할아버지에게 다가갔다. 할아버지는 언뜻 보아도 말기 암 환자처럼 보였다. 낯빛이 까맣고 황달이 와서 눈도 노랗게 변해 있었다. 깡마른 상태를 보니 마지막에 다다르신 듯했다. 할아버지는 기력이 없으셔서 거의 움직이지도 못하셨다. 하지만 사제인 나를 보자 '아, 이제는 살았구나.'라는 안도의 표정을 지으시며 "저는 라파엘입니다." 하고 당신의 세례명을 말씀해 주셨다. 병자성사를 받으시고 성체를 영하신 뒤 할아버지는 연신 "감사합니다, 감사합니다, 신부님."을 반복하셨다. 그분의 두 눈에서 주르륵 눈물이 흘렀다. 있는 힘을 다해서 '주님의 기도'를 따라 하려고 애쓰셨는데, 그 모습이 안타까웠다.

20년 동안 냉담하셨다는 라파엘 할아버지는 하루하루 죽음의 시간이 가까워 오자 몹시 두려웠다고 하셨다. "자식들한테 신부님을 모셔 오라고 아무리 말해도 냉담하고 있는 자식들이니 그저 말로만 '예.'라고 할 뿐 핑계를 대면서 신부님을 모셔 오지 않았습니다." 라파엘 할아버지는 병실에 누워 그동안의 삶을 후회하며 하느님을 애타게 부르고 계셨던 것이다. 그래서인지 성체를 영하신 뒤에 안도하는 표정이 역력했다. 기쁨으로 가득 찬 얼굴로 병자성사를 마치신 뒤 작별 인사를 하고 돌아서는 나를 향해 "신부님, 이런 복이 또 어디 있겠습니까! 감사합니다. 또 오시는 거죠?"라며 몸을 바르르 떨면서 있는 힘을 다해 소리치셨다. 가슴이 뭉클했다.

요양 병원을 다니면서 가장 큰 보람을 느끼는 때는 아마 수십 년 된 냉담 교우분들이 고해성사를 하시고 마지막 노자 성체를 영하시는 때가 아닌가 싶다. 이런 분들은 어떤 이유에서

든 하느님을 등지고 멀리하며 살아오셨지만, 요양 병원에서 수년간 계시면서 자신의 잘못을 회개하시고 하느님께 되돌아가고 싶어 하신다. 그래서 이분들은 나름대로 요양 병원에서 하느님께 돌아갈 방법을 찾아보지만, 가족 중에 독실한 신자가 있으면 모를까 대부분은 사제를 만나지 못해 마지막 고해성사도 병자성사도 노자 성체도 받지 못한 채 생을 마감하시게 된다. 이런 분들이 사제를 만나고자 하는 열망은 구원을 위한 마지막 몸부림이다. 있는 힘을 다해 신부님을 향해 자신이 신자임을 알리고 한없이 눈물을 흘리시면서 병자성사를 받으시고 노자 성체를 영한 후에야 이 세상을 떠날 준비가 되었음에 진심으로 감사해하신다.

의식이 있는 환자는 자신이 신자임을 알릴 수 있으니 그나마 다행한 일이다. 하지만 정말 불쌍한 영혼은 이런 기회마저도 얻지 못하고 코에 고무관을 꽂고 호흡기로 숨을 이으며 무의식중에 있는 중환자분들이다. 정말 효를 다하는 자녀라면 마지막 병자성사와 노자 성체를 영하실 수 있도록 해 드리겠지만, 자신들의 삶도 책임지기 힘겨워하는 냉담 교우의 자녀 대부분은, 부모님의 이러한 마음을 헤아리지 못한 채 은총 지위恩寵地位(상존 은총常存恩寵 즉 은총을 가진 상태를 말한다. 그리고 이 상존 은총을 가진 영혼만이 하늘나라의 영원한 생명에 들어간다.)를 잃은 부모님을 그냥 떠나 보내고 만다. 요양 병원에서 어르신들을 만나 뵈면서 죽음에 임박해 사제를 만나 병자성사를 받으시고 생을 마감할 수 있는 것이 얼마나 큰 은총인지 새삼 깨닫게 되었다. 하느님 대전에 충실한 자녀로서 신앙생활을 한 사람이든, 수십 년 동안 냉담하다가 죽음의 문턱에 이르러서야 겁에 질려 하느님을 찾는 사람이든 하느님 대전에 나아가서는 모두 똑같은 심판을 받게 될 것이다. 그렇다면 살면서 내가 할 수 있는 최선의 노력을 다한 뒤에 하느님의 자녀로서의 자격을 갖추고 되돌아가야 할 것이 아니겠는가! 주님께서는 양 우리로 돌아오려고 하는 마지막 한 마리의 양도 잃지 않으려 하신다는 것은 분명하다. 수십 년 동안 냉담한 라파엘 할아버지의 간절한 기도를 들으시어 이렇듯이 사제를 보내 주셨으니 말이다.

저는 성모송이 너무 좋아요.
그런데 기억이 나지 않아요

아무도 돌보는 이 없는 외로운 과부는
오로지 하느님께 희망을 두고
밤이고 낮이고 끊임없이 간구하며 기도합니다.
1티모 5,5

　어르신 여섯 분이 계시는 한 병실에 들어서자 천주교 신자라고 하시며 살며시 손을 드시는 할머니 한 분이 계셨다. 단정한 단발머리에 눈을 동그랗게 뜨고 계신 마리아 할머니는 매우 불안하고 초조해 보이셨다. 오랜만에 만난 사제를 앞에 두시고 할머니는 너무나 반가워하시며 무슨 말씀이라도 하셔야 한다는 생각에 하나씩 사라져 가는 기억들을 어떻게든 붙잡아 보려고 애쓰시는 것처럼 보였다. "이제는 제 이름도 기억이 나지를 않아요······." 하시면서 고개를 숙이시더니 애써 무언가를 떠올려서 말을 계속 이어 보려고 노력하고 계셨다.

나는 "할머니는 어디에서 오셨어요?"라고 여쭈었다가 곧바로 후회하고 말았다. 당황하시면서 눈을 더욱 동그랗게 뜨시는 모습을 보니 내가 할머니에게 무언가 질문을 드리는 것이 그분을 더 괴롭게 해 드리는 것만 같았기 때문이다. 할머니는 한참 생각하신 후에 "저는 여기서 조금 먼 성당에 다녔습니다……." 하시더니 이내 곧 눈가가 축축해지셨다. 이젠 다 잊어버려서 아무것도 생각나시지 않는다고 하시며 "우리 할아버지는 요셉이에요. 그런데 요셉의 부인이 누구지요? 요셉의 부인이 누구예요?"라며 또 기억을 더듬으셨다. "요셉의 부인은 성모 마리아십니다."라고 알려 드렸더니, "아…… 맞아요. 그럼 저는 마리아예요, 마리아. 우리 할아버지는 요셉이고 저는 마리아예요. 그런데 이제 제 이름도 잊어버렸으니 어떡하면 좋아요?" 하고 물으시는데, 몹시 불안한 듯 큰 눈망울이 왔다 갔다 하셨다. 기도를 하고 싶지만, 아무것도 생각나지 않아서 할 수 없다고 하셨다.

인쇄를 해서 가져간 '선종을 준비하는 기도'를 드리자, 계속해서 읽어야겠다고 하시며 어린아이처럼 좋아하셨다. 그러더니 이내 팔목에 차고 계시는 묵주를 만지작만지작하시면서 말씀하셨다. "전에는 이걸로 기도도 많이 드렸는데, 기도문이 생각나지 않아요. 기도책도 있는데, 이 병원으로 옮겨 오면서 다 없어졌어요. 그래서 기도를 하고 싶어도 할 수 없어서 너무 아쉬워요, 신부님." 나는 준비해 간 기도책을 드렸다. 그러자 할머니는 이제 하루 종일 기도책을 자꾸자꾸 읽으며 기도하고 싶다고 하셨다. 묵주 기도를 바치실 수 있도록 주모경이 있는 페이지를 펼쳐 드리자, "맞아요, 이거예요. 주님의 기도, 성모송, 사도신경……. 저는 성모송이 너무 좋아요. 그런데 기억이 나지 않아요." 하고 말씀하셨다. 이제 책을 보며 매일매일 성모송을 바칠 수 있게 되었다고 너무나 기뻐하셨다. 묵주 기도를 하는 법을 다시 알려 달라고 하시며 서랍 속에서 5단 묵주를 찾아내셨다. 묵주 기도 하는 법을 알려 드리자, 이내 얼굴에 웃음이 번지시며 책을 보고 또 보시며 어린아이처럼 즐거워하셨다.

어느덧 할머니의 얼굴에 초조함은 사라지고 안도와 평온함이 찾아온 듯했다. 할머니는 연신 "감사합니다, 감사합니다, 감사합니다, 신부님!"이라고 인사하시며 꼭 잡으신 손을 놓지 못하셨다. 이분들에게서 사라져 가고 있는 것은 단지 사물의 이름과 과거의 기억, 본인의 존재만이 아니었다. 하나씩 하나씩 사라져 가는 것들 중에 '주님'이 포함되어 있다는 것이 이분들을 너무나 불안하게 만들고 있는 것 같았다. 어떻게든 놓치시지 않으시려고 애를 써 보지만, 아무도 도와주지 않고 관심을 가져 주지 않아 실낱같은 희망마저 사라져 가는 것이었다. 이런 분들께 성체를 영하게 해 드리고, 스카풀라를 걸어 드리며, 묵주를 손에 쥐어 드릴 때, 이분들은 기쁨에 차 "예수님, 성모님!"이라고 부르신다. 이 순간이 이분들께 얼마나 기쁘고 소중한 순간이겠는가. 이 순간을 요양 병원 침대에 누운 분들이 얼마나 애타게 기다리시겠는가.

할머니의 손을 겨우 놓아 드리고 다시 오겠다는 거짓말 같은 약속을 뒤로한 채 요양 병원을 나오면서, 나는 사제로서 수많은 요양 병원에서 "주님, 성모님"을 부르시고 계실 여러 어르신들의 애절한 목소리가 들리는 것만 같았다.

꼭 한 번 뵙고 싶습니다

우리는 말로나 혀끝으로 사랑하지 말고
행동으로 진실하게 사랑합시다.
1요한 3,18

어르신들을 위한 선종 피정을 준비하면서 예화를 찾다 보면 그동안 사목을 하면서 만났던 다양한 모습의 수많은 신자들이 새록새록 떠오르곤 한다. 그 수많은 분들 가운데 천국에 관한 묵상을 할 때 제일 먼저 생각나는 분이 있다. 어느덧 35년도 훨씬 지난 이야기지만 아름다운 그림처럼 내 머릿속에, 내 마음속에 남아 있는 한 부부의 감동적인 이야기다.

내가 신림동 본당에서 보좌 신부로 사목하면서 청년들과 함께 여름 봉사 활동을 갔을 때의 일이다. 나는 청년들에게 우리나라에서 가장 어려운 곳을 찾아 도와주자고 제안했고, 청년들은 수소문한 끝에 영덕에 있는 나환우 마을을 찾아내 그곳으로 봉사를 하러 갔다. 일주일 동안 150명의 청년들과 함께 산 위에 있는 나환우 마을에서 주민들에게 필요한 시설들을 만들고 길을 포장하면서 열심히 봉사했다. 그런데 3일쯤 지났을 때 마을 회장님이 몸이 편찮으셔서 나오지 못하셨다. 그래서 나는 청년회장과 함께 회장님 댁을 방문했다.

문밖에서 회장님을 부르고 방문을 열어 보니 이제 막 식사를 마치신 듯 부인께서 밥상을 들고 부엌으로 나가시는 뒷모습이 보였다. 우리가 방 안에 들어가 앉자 부엌으로 통하는 쪽문이 열리더니 젊고 건강하고, 너무도 고운 자매님이 "신부님, 무슨 차를 드시겠습니까?"라고 묻는 것이었다. 그때 나와 청년회장은 우리의 눈을 믿을 수가 없어서 부인 되시는 자매님을 한 번 쳐다보고, 회장님 한 번 쳐다보기를 반복하며 번갈아 두 분의 얼굴을 쳐다보았다. 그러고는 얼떨결에 "그냥 커피 주십시오." 하고는 아무런 말을 할 수가 없었다. 부인은 곧바로 문을 닫았고, 회장님은 더위에 흐르는 땀을 수건으로 닦으시며 "신부님이시니 제 사연을 말씀드리겠습니다⋯⋯." 하시면서 당신의 지나온 삶의 이야기를 잔잔히 풀어놓으셨다.

"저는 경상도에 있는 한 여자 중학교에서 교사로 일했습니다. 그런데 갑자기 몸이 안 좋아 병원에 갔더니 큰 병원으로 가라고 하고, 거기서는 또 더 큰 병원으로 가라고 하더군요. 서울에 있는 병원까지 가서 결국 나병 진단을 받았습니다. 더 이상 학교에 남아 있을 수 없으니 다음 날 즉시 학생들에게 인사도 못 하고 학교를 떠났습니다. 그 후 학생들은 교장 선생님께 어떻게 된 일이냐고 보채면서 여쭈었고, 교장 선생님은 학생들의 성화에 못 이겨 저의 사정을 이야기하셨답니다. 저는 혼자 조용히 이 나환우 마을로 들어왔는데, 곧이어 여학생 제자들의 편지가 오기 시작했습니다. 처음에는 반 학생 전체가 편지를 보냈는데, 시간이 지나고 해가 바뀌면서 편지는 한 통 한 통 줄기 시작했습니다. 그런데 한 학생의 편지만은 10년이 지나도 이어졌습니다. 그 어렸던 중학교 2학년 여학생이 어느덧 아가씨가 되었고, 사회인이 되었습니다. 그래도 그 제자는 계속해서 편지를 보내왔습니다.

  그러던 어느 날, 그 제자로부터 저를 꼭 한 번 뵙고 싶다는 편지가 왔습니다. 저는 병이 깊어져 너무나 추한 몰골로 변해 있었기 때문에 절대 안 된다고 여러 차례 거절했습니다. 하지만 제자의 부탁은 더욱 간절해졌습니다. 저는 제 몰골을 보면 떠나가겠지 생각하며 그럼 딱 한 번만 만나자고 약속을 했습니다. 약속한 날, 우리는 서로 마주 앉았습니다. 제자는 깜짝 놀랐고, 저는 내내 고개를 들지 못했습니다. 마주앉은 제자는 그저 하염없이 울기만 하다가 자리를 떠났습니다. 저는 그때 '만나지 말 것을……' 하고 생각하며 매우 후회했습니다. 이제 영영 이별이구나 하는 예감이 들었고, 이제 편지도 오지 않겠구나 하며 더 이상 제자의 편지도 기다리지 않게 되었습니다.

그런데 한참 만에 제자의 편지가 다시 왔습니다. 그 편지의 내용은 너무나 충격적이었습니다. '선생님, 저는 선생님을 진심으로 사랑합니다. 저와 결혼해 주십시오.' 저는 그 편지의 내용을 믿을 수가 없었습니다. 그래서 말도 안 되는 소리라며 장문의 답장을 보냈습니다. 하지만 제자는 꼭 한 번 만나 달라고 애원할 때처럼 청혼의 편지를 계속해서 보냈습니다. 저는 연락을 끊어야겠다고 마음을 먹었습니다. 그렇게 한 해가 지난 어느 날, 제자가 아버지의 손에 이끌려 나환우촌으로 왔습니다. 그 부친께서는 화가 잔뜩 나셔서 제 앞에서 딸의 옷 가방을 내던지시며 '선생님, 저는 이제 이 딸년을 버렸습니다. 그러니 선생님이 마음대로 하십시오!' 하고는 돌아서 가 버리셨습니다. 저는 무슨 영문인지 몰랐습니다. 제자는 저를 만난 후 저와 결혼하겠다며 부모님과 형제들을 계속 조른 것입니다. 별별 방법을 다 써 봤지만 딸이 말을 듣지 않자 아버지는 호적에서 파 버리겠다며 딸을 끌고 오신 것이었습니다. 저는 절대로 안 된다고 되돌려 보내면서 1년 동안 편지로 많은 충고를 해 주었습니다. 하지만 저는 도저히 하느님 안에서의 진실한 사랑을 꺾을 수가 없었습니다."

회장님의 말씀이 끝나 갈 때 부인이 문을 빼꼼히 열고 방 안으로 커피 잔을 들고 들어오셨다. 부엌에서 우리의 이야기를 모두 엿듣고 있었던 듯 눈이 축축해져 있었다. 우리는 회장님께 얼른 쾌차하시라고 말씀을 건넨 뒤 방에서 나왔다. 집을 나서며 회장님 댁 구석구석이 얼마나 깨끗하게 정리되어 있는지 눈에 들어왔다. 돼지우리조차 냄새도 나지 않을 정도로 깨끗했고, 마당은 싸리비질을 얼마나 열심히 했는지 바닥에 박힌 잔잔한 돌이 드러날 정도로 깔끔했다.

그곳을 떠나던 날 배웅하러 나오신 그 훌륭한 부인의 얼굴을 제대로 쳐다볼 수 있었는데, 나는 아직도 그 얼굴이 잊히지 않는다. 그 부인은 두 얼굴을 가지고 있었다. 한편은 사랑과 행복의 얼굴이었고, 한편은 인내와 고뇌의 얼굴이었다. 그 부인이 수십 년의 세월 동안 진실한 사랑을 찾아 살아온 인생이 고스란히 얼굴에 나타나 있었다. 가족에게 버림받고 친구와 지인들로부터 손가락질 받으며, 자신보다 나이도 훨씬 많은 병든 남편을, 얼굴은 일그러지고 고름이 나며 손가락도 성하지 않은 남편을 어떻게 한결같이 사랑할 수 있을까? 이 부인이 가지고 있는 그 사랑이 바로 하느님께서 우리 인간에게 바라시는 참사랑이 아니겠는가! 이런 분들이 지금 천국에서 얼마나 큰 기쁨을 누리고 있으실까 생각하면 나도 모르게 행복한 마음에 천국을 그리며 하늘을 쳐다보게 된다.

저는 밥벌레입니다

인생의 하루하루는 지나가는 그림자,
한 번 죽으면 되돌아올 수 없다.

지혜 2,5

　　요양 병원 병실에 들어서면서 "천주교 신자 계십니까?"라고 묻자, 할머니 한 분이 벌떡 일어나 앉으셨다. 신자이신 줄 알고 다가가자 할머니는 "저는 천주교 신자는 아닙니다."라고 대답하셨다. 병실 안에 계시는 분들 대부분이 중환자이기 때문에 우리가 들어가도 아무도 인기척을 하지 못하셨는데 유독 이 할머니만이 자세를 고쳐 앉으시며 우리를 반갑게 맞아 주셨다. "기도해 드릴까요?"라고 여쭙자 할머니는 "네, 기도해 주세요, 신부님." 하시며 기도를 부탁하셨다. 천주교 4대 교리를 간단히 가르쳐 드리고 대세를 드리자, 할머니는 "저는 밥벌레입니다."라는 말씀으로 자신의 삶을 고백하셨다.

　이분은 장군의 아내로서 풍요롭고 당당하게 일생을 살아오셨다고 한다. 그런데 1년 전 남편이 세상을 떠나고 나니 그런 것들이 아무런 소용이 없었다고 하셨다. "지나온 삶이 너무 후회스럽습니다. 그저 먹고살기 위해 살아온 삶이 아니었나 싶어요. 인생을 너무 의미 없이 살아온 것 같아요." 할머니가 지나온 삶에 대해서 진심으로 겸허하게 뉘우치고 계시니까 하느님 나라에 갈 수 있으실 거라고 말씀드리자 할머니는 "저같이 밥벌레로 살아온 사람이 어떻게 하느님 나라에 가기를 바랄 수 있단 말입니까? 당치도 않은 일이지요. 그건 너무 염치없는 일이에요." 하셨다. 왠지 모르게 가슴이 설레었다. 신자도 아닌 분이 인생의 마지막 시간에 와서 어쩌면 이리도 겸허할 수 있을까 놀라울 뿐이었다. 대세를 받으셨으니 할머니도 이제는 천주교 신자가 된 것이라고 알려 드리자, 할머니는 겸손하게 감사 인사를 하셨다. 그동안 많은 어르신 중 열심히 기도하시는 착한 신자분을 수없이 만났지만, 오늘 만난 이 할머니처럼 이렇게 겸손하신 분은 처음 뵙는 것 같았다.

　전에 과거 헌병대장을 지냈다는 한 할아버지에게 다가가 기도해 드리겠다고 하자, 몸을 움직이지 못하시는 상태에서도 거만한 눈빛으로 손사래 치며 '됐다'고 표시하며 거절하시던 순간이 떠올랐다. 침대에 꼼짝없이 누워서 낯선 요양보호사의 손에 대소변을 맡기면서도 끝까지 너무나 거만하고 딱딱한 태도를 보이신 할아버지였다. 그때 그 할아버지와 오늘 뵌 할머니, 두 분의 모습을 비교해 보면서 아름답게 늙는다는 것이 어떤 것인지 알 것 같았다.

인간의 모습 중 가장 아름다운 모습은 신神 앞에 무릎을 꿇고 두 손 모아 기도하는 모습이라고 생각한다. 그것이 인간이 이 세상에 태어난 목적에 가장 부합하는 모습이기 때문일 것이다. 사람은 무엇을 위해 세상에 태어났을까?《상해 천주교 요리詳解天主教要理》교리서에는 그 목적에 대해 이렇게 설명한다. "사람은 하느님을 알아 흠숭하고 자신의 영혼을 구하기 위하여 세상에 났다." 즉 하느님께서는 인간으로 하여금 이 세상에서는 당신을 흠숭하며 당신의 계명을 따라 착하게 살고, 죽은 후에는 그 영혼이 당신의 나라 천국에 들어가 영원한 복락福樂을 함께 누리게 하시려는 뜻으로 사람을 창조하셨다. 이것이 바로 '인생의 목적'이다. 하지만 우리들 대부분은 그 목적을 잃고 살아가곤 한다. 고귀한 목적을 가지고 태어났지만 그 가치에 맞지 않게 일생을 낭비하는 것이다. 할머니의 표현처럼 단지 '밥벌레'처럼 사는 꼴이다. 그렇게 살다가 인생의 종점終點에 다다르면 반드시 후회하고 만다. 이러한 후회를 하기 전에 우리가 선택할 수 있는 두 갈림길이 아직 있다면……. 할머니처럼 하느님께서 이 세상에 보내 주신 목적에 맞게 살지 못했음을 하느님 대전에 겸손하게 통회하며 뉘우칠 것인지, 아니면 헌병 대장 할아버지처럼 끝까지 고집과 자존심을 꺾지 않고 하느님께 교만하게 맞설 것인지는 우리가 살아 있는 동안 각자가 선택해야 될 피할 수 없는 숙제다.

매일 어머니를 뵈러 온다니…… 정말 효자시네요

네가 세상에 태어난 것은
부모님의 덕택임을 잊지 마라.
그들의 은덕을 네가 어떻게
무엇으로 갚을 수 있겠느냐?

집회 7,28

　병실에 들어서자 할머니 한 분이 의식 없이 누워 계셨고, 그 곁에는 30대 초반의 건장한 청년이 안타까움과 사랑이 가득한 눈빛으로 할머니를 지켜보는 모습이 눈에 띄었다. 내가 기도해 드리겠다고 하며 다가가자, 청년은 본인도 어머니도 신자라고 하며 너무나 반가워했다.

　옆에 있던 요양보호사가 그 청년이 매일 세 번씩 어머니를 보러 온다고 귀띔해 주었다. '하루 한 번도 아니고 하루 세 번씩이나?' 요양보호사의 말이 도무지 믿기지 않았다. 미사에 열심히 참례하고 있다고 한 그 아들은, 내가 어머니께 병자성사를 드리고, 성체를 영하게 해 드리자 기쁨을 감추지 못했다. 요즘 같은 시대에 참 보기 드문 효자였다. 더욱이 젊은 사람이 어쩌면 저렇게 지극정성일 수 있을까 놀랍기만 했다. 어머니를 매일 보기 위해 일부러 직장 바로 옆에 있는 요양 병원에 어머니를 모셨다고 한다. 그리고 아침, 점심, 저녁, 하루 세 번씩, 그것도 매일 거르지 않고 문병을 온다니 정말 깊은 효심이었다.

요양 병원을 방문하면서 다양한 자녀들을 만났다. 별의별 자녀들이 다 있었고, 그중에서도 정말 효자라고 생각한 몇몇 자녀가 있었다. 하지만 그들 중 누구도 이 아들을 따라갈 이는 없었다. 이 바쁜 세상에 어떻게 하루 세 번씩이나 어머니를 뵈러 올 수 있는지. 아들은 몹시도 다정하고 사랑스러운 눈빛도 보내고, 때로는 애써 아픈 마음을 감추는 안타까운 눈빛도 보내곤 했다. 이 모습이 마치 어머니와 대화를 하는 것 같았다. 아무런 의식도 없고, 자신을 알아봐 주지도 못하는 어머니였지만, 아들은 어머니에게 눈빛으로 마음을 전하고 있었다.

요양 병원에서 만나는 어르신 대부분은 자식들 얘기를 꺼내면 금방 얼굴이 슬픔으로 가득해지신다. 말씀으로는 다들 잘해 준다고 하시지만, 그 말씀에는 늘 쓸쓸함과 그리움과 아쉬움이 배어 있다. 더러는 자식들이 성당에서 열심히 활동하고 있다고 자랑을 늘어놓는 분을 만날 때가 있지만, "그럼 자제분들이 자주 뵈러 오겠네요?"라고 물으면 "성당에서 맡은 일도 많고 여기저기 봉사 활동 다니느라고 바빠서 여기는 자주 못 옵니다."라고 대답하신 다음, 화제를 돌리시기 일쑤다. 자신은 성당 일과 봉사 활동에 바빠서 병드신 부모님을 돌볼 수가 없으니 편히 지내시라며 요양 병원에 모신 것이다. 과연 그들은 누구를 위해 그리고 무엇을 위해 신앙생활을 하고 봉사 활동을 하고 있는 것일까 궁금하기만 하다.

또 이런 경우도 종종 있다. 딸이 외국으로 이민을 가면서 혼자 남겨 두고 가자니 엄마가 걱정된다며 엄마의 집까지 모두 정리한 뒤 요양 병원에 모셔 놓고, 매달 해외에서 자동 이체로 병원비만 납부하고 있었다. 할머니는 딸이 보고 싶다고 하시며 이제는 돌아갈 집도 없으니 요양 병원에서 죽을 날만 기다려야 한다고 서럽게 우셨다.

이 어르신들은 자식에 대한 그리움이 가득해도, 심지어 원망이 밀려와도, 차마 자식들을 원망하지 못하시고 "빨리 죽어야지."라는 말로 모든 마음 표현을 일축해 버리신다. 잠시도 눈을 떼지 않고 병든 노모를 바라보는 젊은 아들의 모습이 어쩌면 당연한 모습인데도, 그 광경이 아름다운 영화나 드라마 한

편을 보는 듯한 감동을 주는 것은, 어쩌면 이 시대의 슬픈 현실 때문일 것이다. 하느님께서는 이 슬픈 현실을 어떻게 바라보고 계실까? 언제까지나 이 잘못된 상황을 우리가 바로 잡도록 기다려 주실까? "늙은 사람을 괄시하지 마라. 우리 또한 늙어 가지 않느냐?"(집회 8,6)라는 성경의 말씀을 우리가 깊이 잘 깨달아야 할 때가 온 것이 아닐까.

3장

하느님 앞에서 우리는 아무것도 아닌 존재입니다

제발 신부님을 보내 주십시오

"구하여라, 받을 것이다. 찾아라, 얻을 것이다.
문을 두드려라, 열릴 것이다."

루카 11,9

    오늘은 요양 병원에 계시는 어르신들을 뵙고 병원을 나오면서 너무나 부끄러운 마음에 고개를 들 수 없었다. 그동안 말로는 요양 병원을 방문하는 것이 내 힘으로 하는 것이 아니라 모두 하느님의 은총 덕분이라고 하면서도, 마음 한편에는 어르신들을 위해 대단한 일을 하는 것 같은 교만한 마음이 서서히 자리 잡아 가고 있었음을 깨달았기 때문이다. 오늘 요양 병원에서 이 어르신들을 만나 뵙지 않았더라면, 하느님께 모든 영광을 돌리기보다는 그 영광을 도둑질해서 점점 더 뿌듯해하며 교만과 자만의 씨앗을 조금씩 조금씩 더 키워 갔을지도 모르는 일이다.

체칠리아 자매님은 사실 노인이라고 하기에는 조금 이른 감이 있는 분이셨다. 그러나 대장암 3기 판정을 받고 시한부 삶을 살고 계셨다. 내가 병실에 들어섰을 때 이분은 너무나 경건한 자세로 이 사제를 맞이해 주셨다. 그분의 너무나 겸손하고 경건한 태도에 병실 전체의 분위기마저 거룩하게 변하는 것 같았다. 그런데 병자성사를 드린 후 성체를 영하게 해 드리기 위해 성합을 꺼내 모시자, 갑자기 체칠리아 자매님이 침대에서 얼른 내려와 땅바닥에 무릎을 탁 꿇었다. 나는 환자이시기 때문에 괜찮다고 만류했으나, 이미 자매님은 너무나 거룩한 자세로 성체를 향해 흠숭의 예를 표하고 계셨다. 영성체를 하신 후 체칠리아 자매님의 눈에는 어느새 눈물이 고여 있었고, 그 감격을 이루 표현할 수 없다며 그저 "감사합니다."라는 말씀만 반복하셨다.

지금껏 요양 병원에서 뵌 많은 어르신들이 수십 년 만에 혹은 수년 만에 영성체를 하시면서 감격의 눈물을 흘리셨지만, 체칠리아 자매님처럼 성체를 향해 얼른 무릎을 꿇는 분은 처음이었다. 요즘에는 일반 신자들이 성체를 향해 이런 흠숭을 표하는 모습을 보는 것도 드문 일이다. 그래서 체칠리아 자매님이 보여 준 성체를 향한 깊은 신심은 말로는 표현할 수 없는 너무나 큰 감동을 주었다.

이분을 만난 것도 큰 감동이었는데 그 옆 병실에서 만난 마리아 할머니는 '주님의 기도'를 하시면서 한없이 우시면서 우리에게 또 다른 감동을 주셨다. 할머니는 '주님의 기도'를 바치실 때 마치 한마디 한마디 그 단어들의 의미를 모두 되새기시는 것만 같았다. "하늘에 계신 우리 아버지……." 지금까지 '주님의 기도'를 그토록 진지하고 깊이 있게 바치시는 분을 본 적이 거의 없었다. 마치 그 순간, 예수님께서 그 기도를 가르쳐 주시는 것만 같았다. 마리아 할머니는 지금 바치는 기도가 마지막 기도인 듯 울음을 삼키시며 정성스럽게 기도를 바치셨다.

약 230년 전, 우리 선조들이 박해를 피해 1년에 한 번만이라도 성체를 모시기를 간절히 바랐던 것처럼 이분들도 '요양 병원'이라는 곳에서 '성체'를 모시기를 간절히 바라며 사제를 기다리고 계셨다. 또 다른 할머니는 나를 보더니 "제발 신부님을 보내 주십시오."라고 날마다 기도드렸다고 하시며 눈물을 흘리셨다.

이분들의 모습은 우리의 신앙생활을 성찰해 보도록 질문을 던지는 듯했다. 마음만 먹으면 날마다 영할 수 있는 '성체'를 어띤 마음가짐으로 모시고 있는가? 주님께서 가르쳐 주신 '주님의 기도'를 의미는 생각지 않고 건성으로 대충 바치고 있지는 않은가? 예수님의 몸이신 '성체'를 영하기를 간절하게 원해 본 적이 있는가? 나 역시 이 시대의 사제로서 하느님께 영광과 흠숭을 드리고 영혼 구원에 최선을 다하는 참사제의 삶을 살아가고 있는지 깊이 성찰해 보았다.

공기 속에 있으면 공기의 소중함과 필요성을 모르듯이 미사 참례와 영성체, 그리고 기도 생활이 자연스럽게 익숙해져, 마치 다른 일상처럼 그저 일과의 한 부분이 된 것은 아닌가? 그리하여 하느님께 마땅히 드려야 할 흠숭과 사랑과 감사를 정성도 없이 드리고 있지는 않은가? 매일 미사를 봉헌하고 영성체를 하며 많은 기도를 바치지만, 겉으로만 열심한 척 살아가고 있는 것은 아닐까? 나 자신을 성찰하고 또 성찰할수록 고개가 숙여졌다. 이 땅에 처음 천주교가 들어왔을 때 우리 선조들이 평생에 한 번 사제를 만나 미사 참례하는 것을 소원했던 것처럼, 요양 병원에서 삶의 마지막을 보내고 계시는 어르신들도 선조들과 같은 마음으로 예수님을 기다리고 사제를 기다리고 계신 것이다. 지금까지는 단순히 하느님의 은총과 인도하심으로 요양 병원에 어르신들을 뵈러 간다고 생각해 왔지만,

오늘은 '그분들을 위해 이 사제가 간 것'이 아니라 '이 사제로 하여금 하느님께 흠숭과 영광과 사랑을 드리도록 하기 위해 천사가 그곳으로 데려다 주신 것'이라는 생각을 지울 수가 없었다. 오늘의 체험에 대해 하느님께 두 손 모아 진심으로 찬미와 감사의 마음을 올려 드린다.

하느님 앞에서 우리는 아무것도 아닌 존재입니다

흙과 먼지에 불과한 인간이
잘난 체할 것이 무엇이냐?
집회 10,9

　요양 병원을 방문하다 보면 종종 요양보호사들이 어르신의 대소변을 받아 내거나 기저귀 갈아 드리는 것을 목격하게 된다. 그럴 때면 얼른 자리를 피해 드린다. 그런데 오늘은 한쪽에서 어르신이 대변을 보시기에 얼른 다른 쪽으로 자리를 피해 드렸는데, 공교롭게도 그쪽에서도 한 어르신이 대변을 보고 계셨다. 이미 피할 수 없는 상황이어서 어르신이 대변을 누시는 모습을 그대로 보게 되었다. 눈앞에 나타난 인간의 가장 원초적인 모습에 얼른 고개를 돌렸지만, 어르신과 그만 눈이 마주치고 말았다. 혼자 움직일 수 없어 누군가의 도움을 기다리지 못하고 누우신 상태 그대로 대변을 보게 되신 어르신은 나를 미안함과 괴로움, 부끄러움이 가득한 얼굴로 바라보고 계셨다. 참고 싶으셨겠지만 그것마저도 의지대로 되지 않는 것을 괴로워하시는 듯했고, 얼른 가리고 싶은 부끄러움과 낯선 사람에 대한 미안함도 교차하고 있음을 느낄 수 있었다.

  나는 얼른 이불을 잘 덮어 드리고 어르신께 조건 대세를 드렸지만, 어르신의 그 만감이 교차하는 얼굴은 무어라고 설명할 수가 없는 것이었다. 건강한 한 사람으로서 열심히 살아왔던 한 인간이 지금은 자기 몸에서 나오는 것조차 자기 맘대로 조절할 수 없는 처지가 되어 버린 것이다. 정말 '인간의 나약함'이라는 말 이외에 다른 말로는 설명할 수가 없을 것 같다. 하느님께서 인간에게 주시는 마지막 모습이 이런 것일까라는 생각마저 들었다. 우리 인간은, 부끄러움을 알기에 남들 앞에서 좋은 모습만을 보이고 싶어 하지, 자신의 부족하거나 초라한 모습은 보이고 싶어 하지 않는 본성을 지니고 있다. 이는 자신을 대단한 존재로 여기는 교만에서 비롯된 것인데도 우리 모두는 그 교만을 자존심으로 착각하며 살아가고 있다. 하지만 우리는 결국 하느님 내진에서 아무것도 아닌 존재임을 깨닫게 될 것이다.

요양 병원에서 만나는 어르신들은 이 세상 삶의 막바지에 와 있기에, 하느님 앞에서 모두 작아지신다. "천주교 신부인데, 기도해 드릴까요?"라고 여쭈어보면, 어르신 대부분은 모두 고개를 끄덕거리며 나에게 손을 내미신다. 지금까지 '내 힘'만 믿고 살아온 이분들에게 이제 남은 '힘'은 없다. 젊은 시절 어떠한 삶을 살았는지도 이곳에서는 중요하지 않다. 중견 기업의 사장이었던 분도, 대학의 총장이었던 분도, 별 셋을 단 장군이었던 분도, 시장에서 장사를 했던 분도, 가족들을 위해 한평생 살림만 했던 분도, 글자를 모르는 분도, 대학까지 나온 분도 이 요양 병원에서만큼은 그저 하느님께서 창조하신 똑같은 '먹고 자고 싸는' 인간일 뿐이다. 그리고 그분들의 마지막 모습은 각자의 젊은 시절이 어떠했던들 늙고 병들고 힘없는 노인이라는 공통점만 가지고 있다. 이들에게 지금 주어진 남은 삶은 이렇게 요양 병원에서 힘없어진 자신의 비참함을 못 이기며 지나온 삶을 후회하며 원망과 통한의 눈물을 흘리는 것이 아니라, 살아온 삶을 진실하게 성찰하고 하느님 앞에서 그 부족했던 시간들에 대해 진심으로 회개하는 시간이 되어야 할 것이다. 그래서 요양 병원에서 보내는 시간이 희망이 없는 시간이 아니라, 하느님 나라로 떠나기 위한 속죄와 보속의 시간이 되도록 해야 할 것이다. 오랜 요양 병원 생활에서 인생의 허무함을 깨달으셨기에 이분들은 비록 평생 무신론자로 살아오셨다고 하더라도 "기도해 드릴까요?"라는 이 사제의 말 한마디에 희망을 거신다. 한 평 남짓한 침대에 누워 계시는 이분들이 한 분도 빠짐없이 남은 인생을 잘 마무리하여 모두 하느님 나라로 가시기를 간절히 바라면서 기도드린다.

우리 주님이 최고야! 성모 어머니가 최고지!

노인들의 말을 소홀히 여기지 마라.
그들도 조상들로부터 배웠다.
네가 그들에게서 현명함을 배울 것이요
적절히 대답하는 법을 배울 것이다.
집회 8,9

요양 병원 한 구석진 병실의 문을 살며시 열자, 목에는 낡을 대로 낡아서 스카치테이프로 벌어진 곳을 여러 번 붙여 놓은 노랗게 색 바랜 스카풀라를 걸고, 손에는 15단 묵주를 들고, 치아가 하나도 없는데도 우물우물하며 묵주 기도를 바치시는 할머니 한 분이 눈에 바로 들어왔다. 등이 얼마나 굽으셨는지 앉아 계신 모습이 너무나 불편하고 불안해 보였는데, 할머니는 그렇게 앉아 계시는 것이 전혀 힘들지 않다고 하셨다. 할머니는 귀가 어두우셔서 잘 알아듣지도 못하셨지만, 입으로는 내내 "감사합니다. 감사합니다. 주님께 감사, 감사 기도를 합니다."라는 말씀을 중얼중얼거리셨다. 그 병실을 담당하는 요양보호사가 할머니는 하루 종일 저렇게 "감사합니다."라는 말만 되풀이하신다고 귀띔해 주었다. "나는 하루 종일 감사 기도만 바치던 사람이에요. 지금도 하루 종일 주님께 감사드리며 감사 기도를 해요. 우리 주님이 최고야! 성모 어머니가 최고지! 기도가 최고야! 얼마나 감사해요. 감사, 또 감사합니다." 감사라는 말이 완전히 입에 붙으신 분이었다. 치매에 걸리신 어르신들은 했던 말을 하고 또 하고 하신다는데, 이 할머니는 치매에 걸리셨는데도 이렇게 예쁜 말, 아름다운 말 "주님, 감사합니다, 성모 어머니 감사합니다. 주님이 최고입니다. 성모 어머니가 최고입니다."라는 말씀을 되풀이하시니, 정말 평생 선하게 하느님 안에서 그리고 하느님 사랑 안에서 살아오신 분이라는 생각이 들었다.

　자제분은 안 계시느냐고 여쭈었더니, 대뜸 큰 소리로 "아들이 있으면 내가 여기 있겠어요? 아들이 쉰도 못 넘기고 갔습니다. 딸은 그보다도 훨씬 먼저 갔고요. 손주들만 있으니, 손주들이 날 여기에 보낸 거지요. 그래도 저는 감사, 주님께 감사합니다."라고 하셨다. 어떻게 이런 상황에서도 주님께 감사한다고 말씀하실 수 있을까 놀랍기만 했다. 자녀가 없으니 아흔이 넘은 치매 걸린 할머니를 누가 모실 수 없어 이렇게 요양 병원에 모셨겠지 하면서 할머니를 모시지 못하는 그들에게 내가 다 원망스러운 마음이 드는데, 할머니는 이렇게 요양 병원에 계실 수 있는 것도 감사, 또 감사한 일이라고 하셨다. 하루 종일 손에서 15단 묵주를 놓지 않으시며 쉬지 않고 묵주알을 굴리시면서 주님께, 성모님께 감사하는 게 일이라고 하신다. 그러시면서 봉성체를 하시고는 흥분을 감추지 못하시며 이 사제에게 덧붙이시는 말씀이 "기뻐요, 기뻐. 너무 기뻐요."였다.

몇 해 동안을 답답한 요양 병원 안에 계시면서 어떤 희망도 기쁨도 느끼지 못하신 채 날이 밝아 오고, 해가 지고, 비가 오고, 바람이 불고, 꽃이 피고, 낙엽이 지고, 눈이 내리고 또 꽃이 피는 그 반복되는 시간의 흐름을 바라보고만 계셔야 하는 이 어르신들께 주님과 성모님께서 함께 계시지 않았다면……!

이러한 상황에서도 주님께 감사드릴 수 있는 그 겸손함이 이분들의 영혼을 하느님께 점점 가까이 가실 수 있도록 이끌고 있는 것 같았다. 우리들은 일상 속에서 이 "감사합니다.", "기쁘다."라는 말을 얼마나 사용할까? 우리는 영성체를 할 때마다 과연 '감사'와 '기쁨'을 느끼고 있는가? 요양 병원에 계시는 많은 어르신들은 3년 만에, 2년 만에, 1년 만에 사제를 만나시고 또 예수님을 모시면서 그 기쁜 마음을 감추지 못하신다. 우리들이 과연 그 3년, 2년, 1년의 기다림의 의미를 이해할 수 있을까? 우리는 날마다 미사를 봉헌할 수 있고 또 성체를 모실 수 있다는 것을 얼마나 감사하고 있는지, 또 이렇게 날마다 주님의 몸을 얼마만큼 기쁘게 모시고 있는지 반성해 본다. 오늘은 요양 병원을 나오면서 우리가 주님께 바쳐야 할 기도는 두 가지가 전부는 아닐까 하는 생각을 하였다. 진심으로 '주님께 감사'를 드리고, 주님께서 주신 은총에 정말로 '기뻐하는' 것이라고……

이제 주일마다 미사에 올 수 있습니다

사람이 며칠이나 살며 몇 달이나 움직일지는
하느님께서 결정하시는 일이 아닙니까?
욥 14,5 참조

설 연휴인데 성모노인쉼터에 다니는 한 어르신의 따님으로부터 전화가 걸려 왔다. 아버지가 요양 병원에 계시는데 신부님을 찾으신다는 것이었다. 어르신이 위급하신 상황이 아닐까 하여 바로 찾아뵈었다. 대건 안드레아 어르신은 요양 병원 중환자실에서 호흡기를 꽂고 누워 계셨다. 불과 한 달 전까지만 해도 성당 맨 앞자리에 앉아 미사를 드린 분이었는데, 왜 갑자기 이렇게 되셨을까 놀라지 않을 수 없었다.

어르신은 한 달 전에 허리가 편찮으셔서 병원에 가셨다가 위암 말기 판정을 받으셨다. 그런데 이미 치료하기에는 너무 늦어 버려서 이제 살 수 있는 시간이 한 달여밖에 남지 않았다는 시한부 선고를 받으셨다고 했다. '인생이 덧없고 허무하다'는 표현은 이럴 때 쓰는 것일까? 이 어르신은 2년 전, 세례를 받으셨다. 세례를 받으시자마자 대형 마트에서 일하게 되셨다면서, 주일에 쉴 수가 없어 매주 목요일마다 나오셔서 고해성사를 하신 후 미사 참례를 하셨다. 형편상 일을 그만둘 수는 없다고 하시면서, 매주 오실 때마다 주일에 쉬는 일을 얻게 해 달라고 함께 기도하였다. 그렇게 지난 연말까지 이어 오시더니, 1월 초쯤 주일 미사에 나오셔서 "신부님, 이제 주일에 일하지 않게 되었습니다. 이제 주일마다 미사에 올 수 있습니다." 하시며 너무나 기뻐하셨다. 그리고 한두 번 미사에 나오신 후 모습이 보이지 않으셨는데, 한 달 만에 어르신을 요양 병원 중환자실에서 이렇게 뵙게 될 줄은 몰랐다.

노자 성체도 모실 수 없는 상태라서 병자성사밖에 받으실 수 없었지만, 그래도 어르신은 이 사제를 만나고 나니 이내 곧 편안해지시는 것 같았다. 그리고 일주일 후, 어르신의 부고訃告가 전해졌다. 장례 미사를 봉헌해 드리기 위해 장례식장에 가 보니 자녀도 여럿이었으며 조화도 많고 문상객도 많았다. 그런데도 이 어르신은 왜 당신 몸이 상하시는지도 모르고 그리아등바등 돈을 벌려고 하셨을까? 인간적으로 안타까운 마음에 자녀들에게 불효자들 아니냐고 쓴소리를 하면서 충고해 주었다. 그러자 자녀들은 일을 그만하시라고 말렸다면서, 하지만 아무리 말려도 아버지가 자신들의 말을 듣지 않으셨다고 변명했다.

장례 미사를 마치고 나서는데 그제야 딸이 고개를 숙이고 눈물을 흘리면서 "신부님, 저희는 불효자였습니다. 아버지는 마지막까지 미국에 있는 아들은 찾지 않으시고 신부님만 불러달라고 하셨습니다."라고 고백하였다. 나는 그 자녀에게 아버지는 마지막까지 하느님을 찾으신 거라고 일러 주며, 그것이 아버지의 유언이었으니 아버지 뒤를 따라서 천주교 신자가 되어 열심히 기도해 드리라는 말을 해 주고 돌아섰다.

자녀들이 눈물을 흘리고, 많은 조화와 문상객을 받는다고 해서 어르신이 하느님 나라로 가는 길에 무슨 도움이 되겠는가. 그나마 이 어르신은 세례를 받으시고 2년 동안 열심히 신앙생활을 하셨기에 위암을 앓으셨지만 그래도 고통의 시간이 짧지 않으셨을까 하는 생각이 들었다. 그리고 평소 '선종을 준비하는 기도'와 임종을 준비하는 기도를 매일 바치셨으니 마지막으로 사제를 만나 병자성사를 받고 선종하실 수 있었던 것이다.

나는 늘 어르신들에게 선종하실 때가 멀지 않았다고, 언제 죽을지 모르니 언제나 준비하셔야 한다고 말씀드린다. 이렇게 걸어 다니실 수 있을 때, 성체를 모실 수 있을 때, 공로를 쌓으실 수 있을 때 미리미리 준비하셔야 한다고 말씀드린다. 그 말의 의미가 무엇인지 대건 안드레아 어르신이 알려 주시고 떠나신 것 같다. 늘 대건 안드레아 어르신이 앉아 계시던 바로 그 자리에는 어느새 새로 세례를 받으신 다른 어르신이 앉아 기도하고 계셨다.

어젯밤 그냥 숨을 꼴까닥꼴까닥하더니 갔어요

**사람은 제아무리 영화를 누려도
잠깐 살다 죽고 마는 짐승과 같다.**
시편 49,12

　신자 할머니 한 분이 자리를 비우셔서 병실에서 다른 어르신들과 이런저런 얘기를 나누며 그분을 기다리게 되었다. 그 병실에 계시는 할머니 한 분이 화투를 치고 계셨다. 요양 병원에서는 처음 보는 낯선 광경이었지만, 치매에 걸리지 않기 위해서 화투를 치신다는 말씀에 조금은 이해가 되기도 하였다. 할머니는 화투를 치시며 당신의 삶을 이야기해 주셨다. "신부님이시니까 드리는 말씀인데요, 제가 실은 신부님 집안으로 시집갈 뻔했지요. 위로 사 형제가 신부님인 집안의 막내아들이랑 혼담이 오갔는데, 그 당시에 저는 신부님이 네 분이시라는 말에 겁이 나서 그만두었습니다. 그런데 지금은 아주 많이 후회가 되네요. 그때 시집을 갔더라면 저도 천주교 신자가 되었을 텐데요. 그때 기회를 놓친 후로는 영영 신자가 되지 못했습니다."

나는 할머니에게 천주교 4대 교리를 설명해 드린 후, 대세를 드리고 스카풀라도 걸어 드리고 기도하는 방법도 알려 드렸다. "다 뉘우치시고 지금부터라도 열심히 기도하세요." 할머니는 감사하다는 말씀을 반복하시며 이렇게 사제를 만나게 된 것을 그저 신기해하셨다. 딸네 집에 다니러 왔다가 며칠 만에 뇌졸중으로 쓰러지셨다는 할머니는, 몸은 조금 불편하지만 혼자 움직일 수는 있으니 얼마나 다행인지 모른다고 하셨다. "치매에 걸리거나, 남의 손에 내 대소변 받아 내게 하는 것이 아니니 얼마나 감사한 일인 줄 모르겠습니다. 이만한 것이 얼마나 다행인지……." 요양 병원에 계신 모든 어르신들은 한결같은 마음일 것이다. 전에 한 할아버지가 침대에 누운 채로 대변을 누시는 것을 본 적도 있지만, 남의 손에 자신의 용변 처리를 맡기는 것을 어르신들이 얼마나 괴로워하시는지 알고도 남을 것 같았다.

"그런데 저 침대는 비어 있네요?"라고 빈 침대를 가리키며 묻자 할머니들은 별일 아니라는 듯이 "아, 저기 있던 노인이 어젯밤 그냥 숨을 꼴까닥꼴까닥하더니 갔어요."라고 무덤덤하게 말씀하셨다. 같은 방에 있던 사람이 눈앞에서 숨이 끊어졌는데 별다른 감정을 느끼지 못하는 것이 당황스러웠지만, 몇 년이나 이 요양 병원에 계시면서 얼마나 많은 이들을 떠나 보내셨을까 생각하니 그럴 수 있겠다 싶었다. 그래도 마치 있던 물건이 하나 없어진 것처럼 너무나 아무렇지 않은 듯한 말투는 어색하기만 했다.

할머니의 이야기를 듣고 있으면서 또다시 '참 인생이란 게 별거 아니구나.' 하는 허무함이 밀려왔다. 그저 혼자서 밥을 먹고 대소변을 볼 수 있는 것만으로도 감사할 수밖에 없는 현실에서, 같이 먹고 자고 생활하던 동료의 죽음에 아무런 감정도 느끼지 못하는 현실에서, 그저 물건 하나 치운 것처럼 죽음이 별일 아닌 것처럼 다가오는 현실에서 요양 병원에 계시는 이 노인들은 어떤 생각을 하고 계실까? 이분들은 지금 자신의 삶을 어떻게 정리하고 계실까?

다행스러운 것은 많은 노인들이 마지막으로 "저를 위해 하느님께 기도해 주세요."라는 간절한 바람을 갖고 있다는 것이다. 삶의 끝자락에서 이분들은 지푸라기라도 잡는 심정으로 하느님을 찾고 있는 것이 아니겠는가! 그러니 어르신들이 세상을 떠나시기 전 사제를 만나서 병자성사와 봉성체 또는 조건 대세를 받으시고, 구원의 길에 들어선다는 것이 얼마나 다행한 일이며 하느님께 감사하고 또 감사한 일이겠는가.

어르신들의 독거사

주님을 두려워하는 사람은 아비를 공경하며
하인이 주인을 섬기듯이
자기 어버이를 섬길 것이다.
집회 3,7

한파가 몰려와 연일 최저 기온 기록을 갱신하던 겨울의 일이다. 주님 성탄 대축일이 얼마 남지 않은 어느 수요일 아침, 한 자매님으로부터 전화가 걸려 왔다. "성모노인쉼터인가요? 저희 아버님께서 그곳에 다니셨는데요……." 떨리는 목소리로 자매님은 말을 제대로 잇지 못하고 있었다. 그리고 하는 말이 "아버님께서 당신이 세상을 떠나시게 되면 신부님께 알려 드리라고 하셨습니다. 그런데 제가 정말 이런 전화를 걸게 될 줄은 몰랐습니다……."라고 말씀하셨다.

그동안 주일 미사에도 잘 나오셨던 오 베드로 어르신의 부고였다. 평소 안과 질환을 갖고 계셔서 기도책도 제대로 보지 못하시고 늘 병원비 걱정만 하시긴 했어도, 미사에는 빠짐없이 참례하던 분이셨기 때문에 갑작스러운 소식이었다.

그분의 며느리인 자매님이 전하는 말에 따르면, 그날이 아버님 생신이어서 생신상을 차려 놓고 전화를 드렸는데 받지를 않으셔서 남편이 지하 방에 혼자 사시는 아버님을 모시러 갔다가 돌아가신 아버님을 발견하게 되었다는 것이다. 연일 이어진 강추위에 보일러를 세게 틀어 놓고 주무시다가 돌아가셔서 언제 돌아가셨는지도 알 수 없고, 더욱 가슴 아픈 건 얼굴조차 알아볼 수 없을 만큼 시신이 많이 상해 있었다는 것이다. 서로 이야기를 맞추어 보니 베드로 어르신은 쉼터에서 주일 미사에 참례하고 가신 그 주간 수요일쯤 돌아가신 것 같았다. 그런 뒤 근 일주일이 지나서야 시신이 발견된 것이다. "아버님께서 생전에, 신부님께 전화를 드리면 꼭 기도해 주실 거라고 하셨습니다. 아버님의 간절한 원이셨으니 신부님께서 오셔서 기도해 주셨으면 좋겠습니다."

다음 날 나는 장례 미사를 봉헌하기 위해 빈소를 찾았다. 어르신의 부인과 함께 아들딸, 며느리가 빈소를 지키고 있었다. 아들은 아버님의 이 황망한 죽음 앞에서 술로 괴로움을 달래고 있었다. 이렇게 가족들이 다 있는데 왜 베드로 어르신은 혼자 지하 방을 얻어 사시다가 이런 쓸쓸한 죽음을 당하신 것인지 의아했다. 하지만 신앙적으로 보면, 어르신이 성모노인쉼터에서 세례를 받으신 후 평소에 "예수님, 성모님, 성 요셉님께 제 영혼을 맡기나이다……. 5일 동안 제 죽음을 준비할 시간을 주십시오."라고 날마다 기도하신 대로 돌아가신 것 같아 안심이 되었다.

우리나라 65세 이상 노인들의 32.8퍼센트가 독거노인이고, 33.2퍼센트가 노인 부부 가구라고 한다. 성모노인쉼터에 다니시는 어르신 대부분도 독거노인이다. 그러나 이분들도 오 베드로 어르신과 마찬가지로 가족이 없어서 혼자 사시는 게 아니다. 이런 분들이 1년에 1,200명 이상 독거사獨居死, 즉 고독사孤獨死를 한다고 한다. 요즘 들어 성모노인쉼터에도 독거사 소식이 간간이 들려오는 것을 보니 노인들의 독거사가 점점 많아지는 것이 실감 난다.

지난여름에도 다리가 편찮으셔서 가까운 동네 성당에 다니시겠다며 성모노인쉼터에 안 나오시던 할머니 한 분의 독거사 소식이 들려왔다. "아들이 옆에 살면서 잘해 준다고 했으니 신부님 걱정 마세요."라고 하시며 떠나시던 할머니가 한여름 무더위에 옥탑방에서 홀로 돌아가신 후 시신이 모두 부패한 채로 발견돼 수의도 못 입혀 드리고 천으로 둘둘 말아 장례를 치렀다는 부고였다.

어쩌다 우리가 사는 세상이 이렇게 되어 버린 것일까? 가난하고 초라했던 그 옛날에도 집안에 어른이 한 분 계시면 안방에 아랫목까지 내어 드리며 극진히 모셨건만……. 오늘날에 보일러가 일반화되면서 윗목과 아랫목이 없어지다 보니 인간관계에서도 위아래 장유유서長幼有序가 사라져 이런 화를 불러오고 있는 것이 아닌가 하는 생각이 들었다. 같이 살지는 못할지언정 매일, 아니 이삼일에 한 번 안부 전화라도 드렸다면, 또 전화를 안 받으시면 그냥 무심히 넘기지 말고 곧바로 찾아뵙기만 했더라도 어르신들이 이렇게 독거사, 고독사를 하는 가슴 아픈 일은 없을 텐데 말이다. 왜 이리 어렵지도 않은 일들이 요즘을 살아가는 현대인들에게는 그다지도 어려운 일이 되어 버렸는지 개탄하지 않을 수 없다. 결국 우리는 이런 불효를 통해 하느님의 의노義怒를 불러오고 있으며 그 벌을 재촉하고 있는 것이 아니겠는가? 하느님께서는 성경에서 이미 경고하셨다. "자기 아비를 저버리는 것은 하느님을 모독하는 것이요, 어미를 노엽게 하는 것은 주님의 저주를 부르는 것이다."(집회 3,16)

이제 이 예수님 상본을 꼭 끌어안고 잘래요

"결국 나를 보내신 분에게 돌아가야 한다."
요한 7,33

데레사 할머니는 한쪽으로 몸을 잔뜩 웅크리고 누워 계셨다. 더운 여름에 이불을 목까지 덮고 마치 누에고치처럼 옆으로 누워 계셨다. 할머니에게 가까이 다가서자 "감사합니다. 감사합니다."라는 말씀을 반복하시며 내 손을 꼭 잡으셨다. 손의 힘이 얼마나 센지 깜짝 놀랐다. 당신의 두 손으로 나의 손을 감싸 잡으시고는 흐느껴 울기 시작하셨다.

"신부님께서 오셨는데 일어나 앉지도 못하고⋯⋯. 죄송합니다. 죄송합니다."

목과 얼굴, 온몸이 흐느낌으로 떨리고 있었지만 할머니의 눈에서는 한 방울의 눈물도 나오지 않았다. 할머니는 울음을 삼키시며 이를 악 무신 채 흐느끼고 계셨다. 그동안 얼마나 많은 눈물을 흘리셨기에 눈물도 이젠 다 말라 버려 나오지 않는 것일까. 손에 땀이 날 정도로 내 손을 꼭 붙들고 계시는 할머니는 잠깐씩 울음이 그치면 "감사합니다."라는 말씀만 하셨다. 할머니의 머리와 어깨를 쓰다듬어 드리며 "할머니, 괜찮아요. 이제 예수님의 몸인 성체를 모셨으니까 이젠 괜찮아요."라는 말씀밖에 드릴 수가 없었다. 그러면 할머니는 또 소리 없이 흐느껴 우셨다.

한참을 눈물도 나오지 않는 울음을 울고 나신 뒤 할머니는 "제가 며칠 동안 먹지 못했어요."라고 하셨다. 그 순간 기록된 할머니의 연세가 눈에 들어왔다. 95세! 병석에 계시는 어르신들께서 곡기를 끊으시면 곧 떠나실 때가 된 거라는 말이 생각났다. 그리고 어쩌면 할머니는 지금 마지막을 준비하고 계신 게 아닌가 하는 생각이 들었다. "며느리가 천주교 집안 사람이어서 저도 세례를 받았어요. 우리 며느리는 모니카, 우리 아들은 시몬, 그리고 우리 손자는 베드로."

띄엄띄엄 힘없이 자식들의 이름을 부르시던 할머니는 한 사람 한 사람 얼굴이 떠오르시는지 또다시 흐느껴 우셨다. 그 이름들을 부를 때는 마치 가슴이 미어지는지 할머니는 이불자락을 당신의 가슴까지 끌어당기시며 애끓어하셨다. 역시나 눈물 한 방울 흐르지 않는 그 흐느낌으로. "다음 달에 손자가 장가를 가요. 꼭 보고 싶었는데……. 별 수 없지요. 이제 이 예수님 상본을 꼭 끌어안고 잘래요." 그리고는 묵주와 스카풀라, 예수님, 성모님, 성 요셉님 각각의 상본을 모두 가슴으로 끌어안으셨다. 그리고 "신부님, 바쁘신데 이제 그만 가셔야지요."라고 말씀하시면서도 꼭 잡은 손을 놓아주지 않으셨다. 그렇게 흐느껴 우시는 할머니의 손을 붙잡고 서 있다가 잠이 드시는 것 같아 되돌아섰다. 떨어지지 않는 발걸음이었다. 뒤돌아보니 누에고치처럼 웅크리고 누워 계신 할머니의 등이 여전히 흐느낌으로 떨리고 계셨다.

어쩌면 할머니는 내가 이 글을 쓰고 있는 지금 이 시간에는 이 세상에 안 계실지도 모른다. 너무나 깨끗하고 평화로운 얼굴로 마지막 노자 성체를 영하시고 가볍고 기쁜 발걸음으로 하느님께 향하는 긴 여행을 시작하셨는지도 모르겠다.

온몸으로 우시는 할머니의 그 흐느낌은 무엇을 말하는 것일까? 더 이상 나오지 않는 그 눈물은 무엇을 말하는 것일까? 자식들의 이름을 하나하나 부르며 애끓어하는 그 마음은 무엇을 말하는 것일까? 천진난만한 어린아이처럼 예수님, 성모님 상본을 꼭 끌어안고 잠이 드신 할머니의 모습은 마치 태아가 엄마 배 속에 있을 때 그 모습 그대로였다. 이제 엄마 품속보다 더 포근하고 따스한 성모님 품속에 안겨 계시기를 기도할 뿐이다.

어떻게 그럴 수 있습니까?

너희 몸에서 돌처럼 굳은 마음을 도려내고
살처럼 부드러운 마음을 넣어 주리라.
에제 36,26

　병원에 들어서면서부터 다른 요양 병원들과는 다르게 부산한 움직임이 많이 느껴졌다. 일반 요양 병원에서는 어쩌다가 문안차 들른 보호자를 볼 수 있지만, 이 병원은 재활을 하는 요양 병원이어서, 환자마다 보호자 내지는 요양보호사가 함께 있었다. 주로 뇌졸중이나 뇌경색, 중풍 등으로 반신불수半身不隨인 분들이 입원하여 재활 치료를 받는 곳이었다.
　그런데 우리는 그곳의 환자가 모두 어르신만은 아니라는 것에 놀랐다. 젊은 학생도 있고, 건장한 중장년층 남성분들도 많이 있었다. 이분들은 모두 갑작스럽게 찾아온 뇌혈관 질환으로 마음대로 몸을 움직일 수 없어, 불편한 몸을 이끌고 걸음마부터 하나씩 다시 땀 흘려 열심히 배우고 있었다. 현대에는 치매와 중풍이 노인들에게만 오는 질병이 아니라 젊은 사람들에게도 많이 찾아온다고 뉴스를 통해 들었지만, 실제로 요양 병원에 와서 보니 그 비율이 높아서 놀라웠다. 젊은 사람들은 비교적 재활의 의지가 높아서 나름대로 재활이 잘 진행되는 것처럼 보였다. 반면 어르신 대부분은 혼자 움직이시기는커녕 식사조차 하실 수 없는 분들이 많았다. 그중에서도 할아버지들이 많았는데 그런 분들은 거의 할머니가 옆에서 손과 발이 되어서 요양 병원에서 함께 생활하고 계셨다. 올해로 76세라는 할머니가 할아버지의 식사를 챙기신다기에 지켜보니, 목에 연결된 고무관을 통해 음료로 된 건강식을 넣어 드리고 계셨다. 그 손놀림이 이제는 준간호사가 다 되신 것 같았다.

그런 환자들 사이에서 50대 초반쯤 된 듯한 형제님 한 분이 내가 병실에 들어서자 이내 눈물을 흘리셨다. 말도 못하시고 몸도 자유롭게 움직이지 못하셨지만, 반가움과 설움이 섞인 눈물이었다. 형제님은 부자연스러운 움직임에도 불구하고 너무나 경건하고 간절하게 고해성사에 임하시고, 성체를 영하셨다. 그런데 간호하던 부인은 바로 옆에서 이를 지켜보았는데, 내가 보기에 조금 의아한 태도를 보였다. 너무나 냉랭하게 지금은 성당에 다니지 않는다며 애써 사제인 나를 외면하려 했기 때문이었다. 형제님이 병자성사를 받으시고 성체를 영하시는 동안에도 자매님은 등을 돌리셨다. 그러고는 지금은 성당에 다니지 않는데 이런 게 다 무슨 소용이냐며 화를 내셨다. "이 양반이 처음 쓰러져서 중환자실에 있을 때 너무나 위중하고 다급하여 병원 근처 성당을 찾아갔습니다. 그리고 그 성당 신부님께 성사를 청했지요. 그런데 그 지역 신자가 아니라며 거절을 당했습니다. 어떻게 그럴 수 있습니까?" 나는 그 사제를 대신하여 사과하면서 "아마 그 신부님께 다른 급한 일정이 있어서 부득이하게 오시지 못하셨을 것입니다."라고 하며 마음을 풀어 드리려고 했다. 이제라도 사제를 만났고 성사를 받았으니 마음을 푸시라고 위로해 드렸지만, 그걸로는 차갑게 얼어붙은 자매님 마음의 아픈 상처를 달래 드리지는 못했다. "정말 이해가 되지 않았습니다. 죽어 가는 환자를 두고 지역을 따지며 외면해 버리다니……. 성당은 그런 곳인가요? 내 지역 네 지역을 너무 따지는 것 아닌가요? 정말 이해할 수 없습니다. 그래서 이제는 믿지 않습니다. 성당에 가지 않아요."

교회의 부족한 모습에 나는 고개를 들 수 없었다. 그 자매님을 어떤 말로도 위로할 수가 없었다. 그 당시의 상황이 떠올랐는지 자매님은 가늘게 온몸을 떨고 있었다. 그러면서 애써 팔짱을 끼고 떨리는 몸을 추스르며 눈물을 삼키셨다. 목에 걸어 드린 스카풀라와 손에 쥐어 드린 묵주도 이제 성당에 다니지 않는데 이걸 어떻게 가지고 있겠느냐고 하며 바로 한쪽으로 치우셨다. "자매님, 그래도 자매님께서 하느님께 대한 믿음과 희망을 버리지 않고 기도하셔서 형제님이 이렇게 좋아지고 계시니까, 이제 마음 푸시고 성당에도 다시 나가세요." 하느님께서는 절대로 힘들어하는 당신들을 버리지 않으실 테니 하느님께 다시 다가가라고 격려했으나 사실 그 어떤 말로도 굳어진 아픈 마음을 쉽게 풀어 드릴 수는 없었다. 그래서 그저 손만 꼭 잡아 드렸다. 하지만 자매님은 여전히 몸을 떨며 고개를 돌릴 뿐이었다. "여기서 더 이상 좋아질 것이 없습니다. 이 상태로 벌써 2년입니다. 더 좋아지지 않을 거예요." 희망도 믿음도 모두 사라져 버린 듯했다. 건강원을 운영했던 듬직한 가장인 남편이 하루아침에 이렇게 주저앉고 말아 생계가 걱정이라고 하셨다. 아이들도 있다고 하셨다. 그 밖에도 몇 가지를 여쭈어 보았지만, 자매님은 "어떻게 그럴 수 있습니까? 이해가 되지 않습니다."라는 말만 반복해서 하실 뿐이었다. 울고 싶어도 울지 못하고 몸과 마음이 모두 지쳐서 환자보다도 더 어두운 자매님의 얼굴을 보며 안타까울 뿐이었다. 그래도 고해성사를 보고 성체를 영한 뒤여서인지 하느님의 은총으로 문 앞까지 따라 나와 배웅하며 "감사합니다."라고 말씀해 주셨다. 이 부부가 우연치 않게 이렇게라도 사제를 만난 것이 얼마나 다행일까? 또 이렇게 기적과 같은 뜻밖의 기회로 고해성사를 보고 성체를 영할 수 있었으니 이 자매님의 마음도 예수님 성체의 사랑으로 기적처럼 풀어지리라는 희망을 가질 수 있었다. 나는 하느님과 성모님께 이 두 부부가 함께 걸어서 성당 미사에 참례할 수 있게 되기를 간절히 기도하면서 그 요양 병원을 나왔다.

사람은 흙에서 왔으니
흙으로 돌아갈 것을 생각하십시오

사람이 죽으면 벌레와 짐승과 구더기의 차지다.
집회 10,11

한 병실에 들어서자 너무나 지독한 냄새가 코를 찔렀다. 그동안 요양 병원을 수없이 다니면서 어르신들의 변 냄새쯤은 익숙해졌다고 생각했는데, 이번에는 그 냄새가 얼마나 지독한지 얼굴이 저절로 찌푸려졌다. 뼈밖에 남지 않은 할머니가 변을 보고 계셨고, 요양보호사는 눈살 하나 찌푸리지 않고 아주 익숙한 손놀림으로 정성스럽게 할머니의 배변을 도와 드리고 있었다. 지금까지는 이런 모습을 보게 되면 피해 드렸는데, 이 날은 왠지 그 모습이 마치 우리들의 마지막 모습인 것 같은 생각이 들어 송구한 마음이었지만 진지하게 지켜보게 되었다.

등부터 엉덩이까지 차마 사람의 피부라고 할 수 없을 만큼 뼈가 드러나도록 마르고 검게 변해 버린 할머니의 뒷모습을 보면서 인간의 마지막 모습이 어떻게 저럴 수 있을까 내 눈을 의심하게 되었고 허무함마저 느껴졌다. 할머니는 아주 오랜 기간 요양 병원에 계셨던 것 같고, 병환이 깊어 약을 많이 드셔서 변 냄새가 독한 것 같았다. 이미 할머니의 눈은 초점이 없었고, 지금 자신에게 무슨 일이 일어나고 있는지도 전혀 알지 못하시는 듯했다. 전에 어떤 할아버지가 같은 상황에서 부끄럽고 미안해서 괴로운 표정을 지으셨던 것이 생각났다. 하지만 할머니는 그런 감정도 이미 느끼지 못하시는 것 같았다. 그저 목숨이 붙어 있어 가늘게 숨만 쉴 뿐이지 자신의 몸 안에서 나오는 것도 인식하지 못하시고 자신의 몸에 무슨 일이 벌어지고 있는지도 알지 못하시는 것 같았다. 할머니의 몸이 그저 장작이 되어 쌓여 있는 나무토막 같다는 생각이 들었다.

할머니에게 조건 대세를 드리고 요양 병원을 나서자 거리에는 젊은이들이 남녀 할 것 없이 무더운 날씨에 한껏 멋을 내고 걸어다니는 모습이 눈에 들어왔다. 깊게 파인 민소매 티셔츠에 핫팬츠를 입고 당당하게 걷는 그들의 모습을 보며 아마 할머니에게도 저렇게 건강하고 당당한 젊은 시절이 있으셨겠지

하는 생각이 들었다. 우리 모두가 그렇듯이 할머니도 늙지 않을 것처럼, 변하지 않을 것처럼 젊음과 건강이 영원할 것처럼 자신을 가꾸고 꾸미며 살아오셨을지 모른다. 할머니도, 우리도, 그 어느 누구도 예외없이 이 세상을 떠날 때가 되면 나무토막과 같은 모습으로 변해 가게 된다는 것을 생각지 못하고 젊은 날을 보내는 것이다.

그러나 하느님께서 주신 삶을 다 살고 하느님께 돌아갈 때가 되면 우리의 모습도 그렇게 변해 갈 것이다. 지금의 백옥 같고 탱탱한 피부는 탄력도 없이 마치 비닐처럼 내 뼈를 감싸고 있을 것이며, 운동을 하고 다이어트를 하며 가꾼 살은 거의 말라 없어지고 뼈만 앙상하게 남고 말 것이다. 그래서 언젠가는 누군가의 도움이 없이는 혼자서 움직이지도 못할 것이며, 심지어 내 입에 들어가는 것도, 내 몸 밖으로 나오는 것도 내 마음대로 할 수 없는 때가 올 것이다. 나에게 이런 날이 오지 않으리라고는 아무도 장담할 수 없는 일이다. 하지만 우리는 그런 날이 우리에게 절대로 오지 않을 것처럼 오늘을 살아간다. 남의 모습인 양 멀리서 지켜보며 혀를 끌끌 찬다. 그러나 과연 그럴까? 오늘 할머니의 모습을 보면서 나의 마지막 모습도 그와 같지 말란 법은 없다는 생각이 들었다.

사제는 재의 수요일에 이마에 재를 얹어 주며 주님의 말씀을 전한다. "사람은 흙에서 왔으니 흙으로 돌아갈 것을 생각하십시오." 그렇다면 하느님께서 주신 이 육체를 내 것인 양 나의 만족과 욕망만을 위해서 가꾸고 쓸 것이 아니라 정말 소중하게 아끼고 잘 가꾸어서 하느님께 영광을 드리며 하느님을 기쁘게 해 드릴 수 있는 일에 잘 사용해야 하지 않겠는가.

그럼 일주일 후에 또 오세요?

나의 하느님께서 나의 힘이 되어 주신다.
이사 49,5

오늘 만난 데레사 할머니는 말씀이 없으셔서, 친절한 요양보호사가 알려 주지 않았더라면 신자인 줄 모르고 조건 대세를 드릴 뻔했다. 굳게 다문 입에서는 "기뻐."라는 말씀과 "감사합니다."라는 두 마디만 반복해서 나왔다. 하지만 할머니의 눈빛은 너무나 생생하고 강렬했다. 머리맡에 붙여 드린 예수님, 성모님, 성 요셉님 각각의 상본을 가리키시면서 "기뻐. 감사합니다."라고 인사하셨다. 그리고 두 손을 꼭 쥐고 놓지 않으시면서도 눈을 마주치시며 강한 눈빛으로 말씀하시는 것 같았다.

지금까지 요양 병원에서 보아 온 수천 명의 어르신들은 눈에 하나같이 초점도 없고 힘도 없었다. 하지만 데레사 할머니의 눈은 반짝반짝 빛나고 계셨다. 어기적거리는 걸음이었지만 있는 힘을 다해 꼿꼿하게 걸으려는 모습에서, 굳세게 살아가시고자 하는 힘이 느껴졌다. 꼭 잡은 손으로, 반짝반짝 빛나는 눈빛으로 고마움을 계속 표현하시던 할머니에게 이제 가야겠다며 인사를 드리자, 그제야 말문을 열어 "신부님께서 이제 여기 계속 계시는 거죠?"라며 나지막이 물으셨다.

"죄송합니다, 할머니……. 저는 여기에 계속 있지는 못합니다."
"그럼 일주일 후에 또 오세요? 그럼 한 달 후에는 오세요?"
"죄송합니다. 다음에 또다시 오겠습니다, 할머니."

이 사제가 다시 오기를 바라는 할머니에게 기약 없는 약속을 드릴 수밖에 없다는 것이 너무나 송구스러웠다. 내가 선뜻 대답하지 못하는 것을 알아채신 할머니는 "그러면 신부님 가시는 것을 배웅해 드리겠습니다."라며 따라 나오셨다. 그러나 문 앞까지 나오셔서 한 손을 들어 얼른 가시라고 손을 흔드시면서도 다른 한 손은 내 손을 붙잡고 놓지 못하셨다.

"할머니, 또 올게요."
"감사합니다. 감사합니다. 신부님."

도저히 그 손을 놓을 수 없었지만, 하는 수 없이 손을 뺐다.

그러자 할머니는 두 팔을 벌려 말없이 안아 주시고는 두 손을 흔드시며 눈물을 흘리셨다. 차마 떨어지지 않는 발걸음으로 얼른 들어가시라고 손짓을 하며 돌아섰다. 할머니는 돌아서지 못하고 눈물을 흘리며 계속 손을 흔드셨고, 그 모습이 현관문에 비치었다.

언제 어디에서 만난 적도 없고, 더욱이 아는 신부님도 아니신데 그저 주님의 대리자인 사제를 만났다는 기쁨을 이렇게 표현하시는 할머니의 모습에 너무도 가슴이 아팠다. 오랫동안 신자로 지내신 어르신들이 이 사제를 대하는 모습에 큰 감동을 받을 때가 많다. 그분들은 예수님의 대리자인 사제를 대하실 때 마치 예수님을 대하는 것처럼 조심스러워하시고 경건한 모습을 보이신다.

요양 병원에서 몇 년씩 또는 그 이상을 성당에 가지 못하시고, 사제를 만나지 못하신 이 어르신들에게는 한 번도 본 적 없고, 누구인지도 모르는 사제라도, 사제를 만난다는 것 자체가 이루 말할 수 없는 기쁨이 되는 것 같다. 사제를 통해서 전해지는 하느님의 은총이 얼마나 큰 것인지 이 어르신들은 너무나 잘 알고 계시기 때문이다. 성사 생활에서 동떨어져 지내고 있는 이분들은 외롭고 힘든 오랜 요양 병원 생활을 통해서 그 은총의 소중함을 얼마나 깊이 깨달았을 것이며 그래서 그 은총을 얼마나 갈망하고 기다려 왔겠는가! 문 앞까지 나와 사제를 배웅하며 눈물짓는 데레사 할머니의 모습에서 그 은총이 얼마나 큰 것인지 다시 한번 깊게 깨닫게 되었다.

오래 사는 것은 잘 살면 축복, 잘못 살면 재앙

그들이 비록 오래 산다 하더라도
아무런 값어치가 없으며 결국은 노년기에 가서
영예스러운 것이 하나도 없다.

지혜 3,17

"열심히 살 때는 세월이 총알 같다고도 하고, 화살 같다고도 하건만, 할 일 없고 기력이 쇠하니 세월이 가지 않는다 한탄하더이다.

정신 맑으면 무엇하리요, 자식 많은들 무엇하리요, 보고픔만 더하더이다. 차라리 정신 놓아 버린 저 할머니처럼 세월이 가는지, 자식이 왔다 가는지, 애지중지하던 자식도 몰라보고, 그리움도 사랑도 다 기억에서 지워 버리고, 그저 천진난만하게 하루 세끼 주는 밥과 간식만이 유일한 낙樂이었으면 좋으련만, 자식 십여 남매 있으면 무엇하리요, 이 한 몸 거할 곳 없는데.

아들딸 자식이 유명 인사면 무엇하리요, 이 한 몸 갈 곳 없어 여기까지 흘러왔는데. 허리띠 졸라매고 고생도 보람으로 알고, 최고 학벌 자랑하며 자식 뒷바라지했던들 무엇하리요, 작디작은 이 한 몸 자식 아닌 다른 사람 손에 맡겨야 하는 것을.

인생 종착역인 이곳까지 오기가 멀고도 험하였는데, 종착역에 들어오니 벗은 많으나 마음 나눌 곳 없어 한없이 외롭더이다. 치매로 정신을 망각함이 차라리 고통에서 벗어나는 유일한 방법인지도 모르겠소이다.

몸 쇠하고 정신 맑으면 무엇하리요, 괴로움만 더한 것을. 가는 마당에 야속함도, 사랑도, 그리움도, 추억도 모두 내려놓으니 차라리 마음이 홀가분할 뿐……. 모진 비바람 다 지나가고 조용히 흐르는 호수 같은 잔잔한 마음으로 돌아갈 뿐인 것을……."

어느 양로원에 적혀 있는 이 글을 읽으며 '이것이 현실인데.' 하는 생각이 들었다. 내가 수많은 요양 병원과 요양원에서 만나 뵈었던 어르신들이 표정과 눈빛으로 이런 말씀들을 하고 계셨기 때문이다. 정신은 말짱한데, 혼자 걸어도 다닐 수 있는데, 조금 불편하다 하여 요양 병원에서 지내시는 그 어르신들의 심정이 오죽하면 치매 노인을 다 부러워하실까?

요양 병원에서 만난 수많은 어르신들의 그 초점 없는 눈빛과 희망 없는 표정에서 느낄 수 있는 것은 오직 인생의 허무함뿐이다. 팔십 평생, 구십 평생 있는 힘을 다해 살아왔는데 정작 본인이 세상을 마감하기 전에 누릴 수 있는 것은 1평 남짓한 요양 병원의 침대 생활뿐이라니……. 차라리 아무 생각도 할 수 없도록 정신 줄을 놓아 버리고 싶은 것이 어르신들의 속마음인 듯하다.

비단 요양 병원과 양로원에 계시는 어르신만 이런 생각을 하시는 것은 아닐 것이다. 구십 수, 백 수를 너끈히 사시는 장수 시대에 어르신들은 자신들의 삶의 여정을 마무리하는 방법을 몰라 그저 가지 않는 세월만을 탓하며 "시간아 빨리 가라! 빨리 가라!" 재촉만 하시는지 모른다.

하지만 우리 모두에게는 우리를 사랑하시는 사랑 자체이신 하느님께서 함께 계신다! 그리고 영원한 행복이 있는 천국이 우리를 기다린다!

이 글을 쓰신 어르신이 만약 하느님을 믿는 신자셨다면 이렇게 절망적이지는 않았을 것이다. 장수는 잘 살면 하느님의 축복이지만, 잘못 살면 재앙으로 다가온다. 하느님께서 살아 있는 시간을 늘려 주시는 것은 연옥 단련을 줄이라고, 또 지옥은 피해 보라고 주신 속죄의 시간임을 절대 잊지 말아야 한다. 그러려면 우리는 이 장수라는 은총의 시간을 자식을 원망하고 세월을 탓하며 허송세월로 보낼 것이 아니라, 참신앙 안에서 자신이 지은 죄를 진심으로 뉘우치고 하느님과 성모님께 모든 것을 의탁하며 천국을 향해 기도하면서 한 걸음 한 걸음 걸어가야 할 것이다.

4장

나도 저렇게 기도하다가 죽고 싶습니다

신부님, 너무 힘이 듭니다

우리 모두 죽는다는 것을 생각하여라.
집회 8,7

인간에게 가장 확실한 것은 모두가 예외 없이 죽는다는 것이며, 또 가장 불확실한 것은 그 죽음이 언제 올지 모른다는 것이다. 죽음은 젊은이에게도 어린아이에게도 찾아간다. 꼭 늙어야만 죽는 것이 아니라는 것이다. 그렇기 때문에 지금은 하고 싶은 대로 다 하면서 살다가 나중에 늙어 죽을 때가 되면 그때 가서 죽음을 준비하겠다는 생각처럼 어리석은 생각도 없을 것이다. 요양 병원에 가 보면 젊은 사람들도 흔히 볼 수 있다. 뇌출혈로 쓰러진 사람도 있고 중풍이 온 사람도 있다. 또 사고로 뇌를 다친 사람들도 있다. 20대 학생도 있고, 30대 신혼부부도 있고, 40대 젊은 아빠, 엄마도 있다. 그래서 가끔은 '노인 요양 병원'이라는 말이 무색하게 느껴질 때도 있다.

요양 병원에서 만난 많은 젊은 사람 중에 잊을 수 없는 형제가 한 명 있다. 그 형제는 세례명이 하상 바오로인 40대 젊은 아빠였다. 사제로서 기도가 필요한 모든 이들을 마음에 담아 두고 기도하지만, 유독 이 하상 바오로 형제에 관해서는 미사 때마다 진심으로 그를 위해 간절히 기도하게 된다.

언제나 그렇듯이 병실을 하나하나 돌며 어르신들을 위해 병자성사를 드리고 조건 대세를 드리는 중이었다. 환자가 자리를 비운 침대를 그냥 지나치려는데 빈 침대 옆에 앉아 계시던 자매님께서 "신부님, 저희도 신자입니다. 아들이 재활 치료를 받으러 갔는데, 올 때가 되었으니 잠시만 기다려 주시겠습니까?"라고 부탁하셨다. 자매님과 잠깐 몇 마디 이야기를 나누는 사이, 아들이 휠체어를 타고 병실로 들어왔다. 그는 나를 보자 곧 눈에 눈물이 고였고, 눈물이 그렁그렁 맺힌 눈으로 병자성사를 받고 성체를 모셨다. 그런데 그가 성체를 다 영하고 나더니 갑자기 내 허리춤을 부여안고 흐느껴 울기 시작하는 것이 아닌가? 나는 솔직히 당황스러웠다. 하상 바오로 형제는 한참 동안 내 허리를 부여안고 "신부님, 너무 힘이 듭니다."라며 소리 내어 울었다. 나는 그의 등을 두드려 주며 그가 울음을 그치기를 기다렸다. 한참을 울고 난 후, 형제는 마음을 추스르며 감사하다는 인사를 했다. 젊은 나이에 뇌출혈로 쓰러졌다가 반신불수가 되어, 아무것도 하지 못하고 침대에 누워 요양 병원 신세를 진 지 벌써 10년! 그동안 아내와 아이들은 모두 그를 떠났고, 늙은 어머니가 병 수발을 들고 있었다. 나는 그를 위로했고, 힘을 내라고, 함께 기도하자고 했다. 그리고 그가 다시 한 번 삶의 기회를 얻을 수 있도록, 자리에서 일어나 남은 삶을 열심히 살아갈 수 있도록 간절히 기도해 주겠다는 약속을 했다.

인사를 마치고 돌아서서 나오는데 노모가 따라 나오며 "요즘 많이 힘들어합니다. 짜증도 부쩍 심해졌고요. 너무 힘든가 봅니다. 저도 많이 힘이 드네요······."라고 말했다. 이 모자에게 하느님께서 계시지 않았다면, 신앙이 있지 않았다면, 어떻게 이 힘든 삶을 견디어 낼 수 있었을까? 아무에게도 힘들다는 말을 못 하고 사제를 보자마자 울음을 터트릴 수밖에 없었던 이 젊은 아빠의 심정은 어떤 것이었을까? 내가 사제가 아니었다면 그가 나를 붙들고 그렇게 울 수 있었을까? 그는 주님을 부여안고 매달려 울고 싶었던 것이다. 아니, 아마 10년 동안 날마다 남모르게 그렇게 했는지 모른다. 이 형제는 10년 만에 고해성사를 주고 성체를 모시게 해 주는 이 사제를 만나자 주님을 만난 것으로 확신했을 것이고, 그래서 그 가슴 깊숙이 쌓여 있던 울분과 고통, 아픔과 서러움, 두려움 등이 모두 토해져 나왔을 것이다. 나는 하상 바오로 형제의 가슴 깊은 곳에서 올라오는 그 울음을 잊을 수가 없다. 그래서 그를 위해 매일 간절히 기도한다. 그의 신앙을 보시고 주님께서 그를 일으켜 세워 주시리라고 믿으며…….

제가 소프라노였어요, 소프라노

헛되고 헛되다. ……
헛되고 헛되다. 세상만사 헛되다.
코헬 1,2

한 자매님이 시골 요양 병원에서 병자성사도 못 받고 돌아가시게 된 분이 있다며 병자성사를 청해 왔다. 얼마 전에 뵙고 왔는데 며칠을 못 넘기실 것 같다고 하기에 서둘러 용인으로 향했다. 용인 시내에서 벗어나서 대로를 지나 좁은 시골길을 따라 들어가니, 길에서 보이지 않았던 커다란 요양 병원이 산 아래에 덩그러니 있었다. 해 질 녘 어둠이 밀려오는 시간에 요양 병원에 도착했기에, 불도 다 꺼져 있고 인적마저도 없어서 마치 이 세상과는 동떨어진 다른 공간에 온 듯한 느낌이 들었다.
어르신이 계신 곳은 중환자실이었다. 곡기를 다 끊으신 상태와, 까맣게 변한 얼굴은 이제 이 세상에서 마지막 시간을 정리하고 계심을 알리고 있었다. 어르신에게 병자성사를 드리고 난 후 병실마다 다니며 다른 어르신에게 병자성사와 조건 대세를 드렸다.

 그러다가 어느 병실에 들어서니 신자인 할머니가 한 분 계셨다. 가만히 누워 계신 자세며 말투가 예사롭지 않아서 혹시 옛날에 선생님이 아니었는지 여쭈었다. 할머니는 서슴없이 예전에 음대 교수였다고 소개하셨다. 그러시면서 반복하여 "제가 소프라노였어요, 소프라노."라고 말씀하시며 목소리를 높여 강조하셨다. 일본의 대학에서 성악을 공부했다고 말씀하시면서, 그 옛날 당신의 한창 때를 머릿속에 그리고 계시는 것만 같았다. 아들은 프랑스에서 대학교수로 있다며 1년에 한두 번 보러 온다고 하셨다. 손에는 낡고 낡은 묵주 하나를 가지고 계셨는데 목소리를 높여 "소프라노였다."라고 힘주어 말씀하시는 것과는 왜인지 어울리시지 않아 보였다.

 할머니 말씀을 듣고 있으니 한껏 드레스를 차려입고 무대에서 목청 돋워 노래하는 성악가들의 모습이 머릿속에 그려졌다. 아마도 그 순간 할머니도 나와 같은 장면을 머릿속에 그리고 계셨을지 모른다. 하지만…… 씁쓸하고 안타까웠다. 목소리와 재능과 자태를 뽐내던 그 시절 그 모습은 다 어디로 사라지고, 마치 마른나무 같은 모습으로 이 산골 요양 병원에 힘없이 누워 계신 걸까? 노인 복지 사목을 하다 보면, 이런 순간 그저 "헛되고, 헛되도다."라는 말만이 저절로 입 밖으로 나오게 된다.

우리는 모두 젊었을 때 자신이 늙어서 어떻게 변할지 생각하지 않고 그 순간이 생의 전부인 양 뽐내며 살아간다. 어느 누구도 죽음을 앞둔 '늙은' 나의 모습이 어떠할지 미리 알 수 없다. 그래서 사람들은 곱게 늙은 노인들의 모습을 보면 '나도 저렇게 늙고 싶다.'라고 생각하며 부러워한다. 그러나 그런 외적인 모습은 그저 건강 관리를 잘하며 깨끗하게 잘 단장한다고 나오는 것이 아니다. 이 소프라노 할머니가 하느님께서 주신 고운 목소리로 하느님께 감사하고 찬미드리기 위해 열심히 노래했다면, 노년이 된 지금 내적으로 더 건강한 모습이지 않았을까 하는 생각이 들었다. 이제는 아무도 할머니의 노래를 들어 주지 않을 것이고, 또 어느 누구도 노래 한번 불러 보라고 청하지도 않을 것이다. 더욱이 죽음이 가까워 온 이 마지막 순간에 하느님을 생각하지 않고 자신의 화려한 과거만을 그리워하고 있다면, 이 역시 또 얼마나 헛되고 헛된 일이겠는가?

주님, 저 여기 있습니다

"나더러 '주님, 주님!' 하고 부른다고
다 하늘나라에 들어가는 것이 아니다.
하늘에 계신 내 아버지의 뜻을
실천하는 사람이라야 들어간다."
마태 7,21

얼마 전 한 봉사자 자매님이 요양 병원에 계신 어머니가 식사를 못 넘기시는데 이러시다 노자 성체를 못 모시고 떠나시게 될 것 같다고 하면서 마지막 봉성체를 해 주실 수 없겠느냐며 청해 왔다. 1년 전쯤 어머니를 요양 병원에 모시면서 꼭 세례를 받게 해 드리고 싶다고 간절하게 원하여 그동안 교리를 가르쳐 드린 후 세례를 드린 분이었다. 요양 병원이 바로 인근에 있어서 곧바로 어르신을 위해 병자성사와 봉성체를 해 드리러 갔다.

두 모녀에게는 좀 죄송한 표현이지만, 어르신은 세례를 받으실 때만 해도 얼굴에 욕심이 보였는데, 이번에 만나 뵈니 비록 얼굴은 확연히 수척해지셨지만, 아주 편안한 얼굴로 변해 있었다. 독실한 신자인 따님이 그동안 어머니와 함께 얼마나 많은 기도와 노력을 했는지 알 것 같았다. 따님은 며칠 전에 어머니가 자신의 손을 꼭 잡으시며 "고맙다."라고 말씀하셨다면서 태어나서 처음 어머니에게 들어 보는 말이었다며 눈시울을 붉혔다.

하느님을 외면하며 평생 살아오신 분이 따님의 기도와 봉사 덕분에 삶의 아주 짧은 한 부분일지라도 회개와 통회를 하시고 하느님께 나아가실 준비를 잘하게 되신 것이다. 그 두 분을 보면서 새삼스레 세례성사의 은총이 얼마나 큰 것인지 또 우리들의 기도와 희생을 하느님께서 절대 잊지 않으신다는 것을 다시 한번 확신하게 되었다.

어르신을 뵙고 나오는 길에, 현관에서 휠체어를 탄 남자 어르신이 계시기에 조건 대세를 드리러 다가갔다. 할아버지에게 "기도해 드릴까요?" 하고 여쭈었더니 옆에 앉아 계신 할머니가 천주교 신자라고 알려 주셨다. 부인 되시는 그 할머니는 "젊어서 성당에 다니다가 말았어요. 그래서 지금은 신부님께서 봉성체를 해 주러 오셔도 그냥 아는 척 안 하고 있어요." 하고 말씀하셨다. 퉁명스러운 그 말씀이 참 애석하게 들렸다. 그러나 할머니는 성당에 다니고 계신다고 했다. 할아버지는 '실베스테르'라며 당신의 어려운 세례명까지 기억하고 계셨다. 하지만 할머니는 할아버지가 냉담하신 지 오래되었기 때문에 이제는 신경 쓰지 않는다는 투였다. 할머니에게 나는 그러시면 안 된다고, 다음부터는 신부님이 오시면 꼭 봉성체를 받으시라고 말씀드리면서 병자성사를 드렸다.

그때 조금 떨어진 곳에서 말씀도 잘 못하시는 할머니가 휠체어를 마구 흔드시며 어떤 단어를 반복적으로 외치고 계시기에 다가가 봤다. 가까이 가서 뵈니 할머니는 "마리아, 마리아, 마리아!"라고 하시며 당신도 신자라고 사제인 나를 부르고 계신 것이었다. 그 할머니에게도 병자성사를 드렸다. 그리고 돌아오면서 나는 현관에서 뵌 두 어르신이 우리가 신앙생활을 하는 두 가지 모습을 보여 주고 있다는 생각이 들었다. 첫 번째는 그 노부부처럼 하느님께서 부르셔도 그냥 지나쳐 버리거나 외면하는 모습이고, 두 번째는 할머니처럼 "주님, 저 여기 있습니다."라고 하느님을 끊임없이 애타게 부르며 그분께 매달리는 모습이다. 하느님께서는 우리 인간에게 자유 의지를 주셨으므로 어떤 모습을 택할지 그 몫은 나 자신에게 있다는 사실을 언제나 명심해야 할 것이다.

자식들이 괄시해도 행복합니다

주님께서는 자식들에게
아비를 공경하게 하셨고
또한 어미의 권위를 보장해 주셨다.
집회 3,2

　오늘날 우리 사회를 하느님께서 내려다보시며 얼마나 슬퍼하실까. 참으로 악하고 슬픈 세상이다. 얼마 전만 해도 자식이 부모를 죽였다는 뉴스가 나오면 전국이 떠들썩했는데, 이제는 이런 뉴스도 심심치 않게 보도가 되고, 접하는 사람들도 그저 혀 한 번 끌끌 차고 잊어버리는 세상이 되었다. 하느님의 벌을 인간이 이토록 자초하고 또 재촉한 적이 또 언제 있었을까 싶다.

　사실 낳아 준 부모도 저버리는 '천인공노할' 사건들, 하느님께서 호통하실 '호천죄呼天罪(죄상이 특별히 얄밉고 괘씸하기 때문에 하느님께서 호통치시는 죄)'는 뉴스에 보도되는 것만이 전부가 아니라는 것을 노인 복지 사목을 하면서 알게 되었다.

얼마 전에는 주일 미사 후 예비 신자 교리반에 들어갔더니 아주 자그마한 체구의 할머니가 눈을 반짝반짝거리며 앉아 계셨다. 할머니는 이곳 성모노인쉼터에 오신 후로는 하루하루가 그저 행복할 뿐이라고 하시며 주일만 기다린다고 하셨다. 그저 세상 풍파 이겨 낸 우리의 어머니이시겠거니 생각했는데, 할머니는 어느덧 눈시울을 붉히시며 '여자의 일생'을 털어놓기 시작하셨다.

구순이 가까운 할머니는 큰아들이 군대 가던 해에 말 그대로 '청상과부'가 되셨다. 시장에 쪼그리고 앉아 이것저것 야채를 팔면서 남편 없이 아들 셋을 키우셨는데, 몸집도 작은 젊은 엄마가 억척스럽게 장사를 하니 시장 상인들도 잘 봐주었단다. 그렇게 성실히 일하는 것을 보고 좋은 사람이 가게 하나를 빌려준 덕분에 그것을 토대로 살림을 잘 꾸려 갈 수 있었다. 둘째 아들이 엄마 옆에서 성실하게 장사를 도와주어 그 아들과 함께 큰 슈퍼마켓을 차리고 건물까지 장만하게 되었다. 그러다 나이도 들고 힘이 부치게 되자, 할머니는 가게와 건물을 둘째 아들 명의로 다 넘겨주고 당신은 집에서 살림을 하며 둘째 아들과 며느리에게 그 슈퍼마켓을 운영하게 하셨다.

그런데 손자들이 장성하고 세월이 가면서 할머니는 이 집에서 그저 살림만 하는 존재가 되어 버렸고, 급기야 손녀에게 방까지 빼앗기시고 창고 방으로 떠밀려 가는 신세가 되고 말았다. 먹을 것을 사 와도 저희들끼리 먹고, 해 놓은 밥을 먹고 치우지도 않으며, 할머니랑은 대화조차 하지 않는 상황에까지 이르렀다. 할머니는 이건 아니다 싶어 아들에게 독립해서 나갈 테니 방을 하나 얻어 달라 하셨다. 그런데 돌아오는 둘째 아들의 대답은 "말도 안 되는 소리 하지 마세요."였다. 그래도 이렇게는 살고 싶지 않으니 나가서 자유롭게 살게 방을 얻어 나가겠다고 하시자, 오히려 아들 내외의 구박만 더 심해져 갔다.

한번은 아들이 잘못한다는 생각이 들어 아들의 뺨을 한 대 때리셨단다. 그랬더니 며느리가 어디 늙어 가는 아들을 때리시느냐며 대들었고, 이렇게 하실 거면 그동안 자기네들이 어머니 모셔 온 대가를 내놓고 나가시라는 어이없는 대꾸만이 돌아왔다는 것이다.

할머니는 눈물을 닦으며 말씀하셨다. "여기에 와서 하느님을 알게 되니 내가 자식 교육을 잘못했다는 생각이 들고 이것이 다 나의 죄라고 생각하게 되었습니다. 그래서 이제는 '그래 너희는 너희대로 살아라 나는 나대로 살련다.' 하며 마음을 비우게 되었습니다. 다 내가 자식을 잘못 키운 결과라고 인정하니 마음이 참 편합니다. 신부님, 저는 이제 그 죄를 속죄하며 살아야죠. 그래서 요즘은 자식들이 또 손자들이 괄시해도 행복합니다. 하느님께서는 저를 사랑하시니까요……."

마지막인데, 손 한 번만 잡아 주고 가세요

"내가 살 길과 죽을 길을
너희 앞에 내어놓을 터이니
너희는 그중 하나를 택하여라."
예레 21.8

　요양 병원을 방문하다 보면 이 일을 하느님께서 얼마나 기뻐하시며 또 얼마나 원하고 계시는지를 느끼게 해 주고, 또 우리가 하는 일이 아니라 하느님께서 친히 이끄시는 일임을 느끼게 해 주는 일들이 꼭 한 번씩 일어난다.

　오늘은 이상하게도 요양 병원에서 첫 번째로 만난 천주교 신자인 간호사가 내 앞을 막아섰다. 대부분의 경우에는 천주교 신자인 간호사를 만나면, 비록 지금은 냉담 교우라 하더라도 신자인 어르신들을 알려 주거나 기도가 필요한 분들에게 안내해 주곤 하였다. 하지만 이 간호사는 신자들에게 병자성사와 봉성체를 해 드리러 왔다고 하자 대뜸 "정말 신부님이신지 어떻게 믿어요?"라고 하는 것이었다. 나는 영대를 두르고 있었고, 노인 복지 담당 신부라고 소개를 했음에도 진짜 신부님이신지 알 수 없으니 나가 달라는 것이었다. 참 놀랍고 답답한 노릇이었다. 명함도 주고, 교구청에 전화해서 알아보라고도 했으나 믿으려 하지 않았다. 하지만 나는 그럴수록 포기할 수 없다는 생각이 들었다. 봉사자들이 간호사를 이해시키고 있는 사이, 살짝 천주교 신자인 어르신들을 찾아내서 병자성사와 봉성체를 해 드리고 신자가 아닌 어르신들에게는 조건 대세를 드리며 아래층으로 내려왔다. 하지만 그때까지도 그 간호사는 끝까지 오늘 저녁 성당에 가서 확인해 보겠다고 엄포를 놓고 있었다. 어쩌다가 신자가 사제를 알아보지 못하게 되었나 하는 생각에 씁쓸했다. 그리고 필시 이것이 이 일을 방해하는 마귀의 장난일 거라고 생각했다. 그래서 다른 층에 있는 중환자실로 가서 눈빛으로 반가워하시며 천주교 신자임을 알리시려는 신자 어르신들을 찾아내어 병자성사와 봉성체를 해 드렸다. 그리고 기도해 달라고 손을 내미시는 중환자 어르신들에게 모두 조건 대세를 드렸다.

그런데 중환자실에서 막 나오는 찰나에 밖에서 그런 모습을 쭉 지켜보고 있던 한 간호사가 내게 얼른 다가오더니 절을 꾸벅하는 것이었다. "신부님, 정말 감사합니다. 저도 천주교 신자입니다. 이렇게 어르신들을 위해 한 분 한 분 일일이 다 기도를 해 주시다니 너무나 큰 감동을 받았습니다. 정말 감사합니다. 감사합니다……." 하며 눈물을 닦았다. 이 간호사의 모습은 아까의 간호사와는 또 다르게 나를 당황시키고 놀라게 하였다. 하느님께서 낙담하는 이 사제를 위해 몇 분 사이에 천사를 보내시어 용기와 위로를 주신 것이라고 생각할 수밖에 없었던 것이다.

요양 병원 전체에 계시는 어르신 약 100여 분을 뵙고 2시간 만에 병원을 나와서 봉사자들과 이야기를 하며 알게 되었다. 오늘은 요양 병원과 성모노인쉼터에서 조건 대세와 세례성사를 받은 어르신들의 수가 예상을 훨씬 뛰어넘는 큰 은총의 날이었던 것이다. 그래서 시기 질투가 극에 달한 마귀가 그토록 방해를 하려고 난리를 부린 것이라는 생각이 들었다. 요양 병원 사목을 통해 얼마나 많은 영혼들이 구원의 길에 들어서게 되는지……. 이것이 바로 어떤 표현으로도 설명을 할 수 없는 놀라운 하늘의 신비였다.

오늘 만난 두 간호사의 모습과 함께 요양 병원에 계신 지 5년

째라는 93세 아가타 할머니가 사제를 먼발치에서 바라보시던 모습이 잊히지 않는다. 그 어르신은 반가움에 몸을 바들바들 떠시며 목을 빼고 자신의 순서가 오기를 애타게 기다리고 계셨다. 그러고는 병실을 나가는 이 사제를 다시 부르시며 "마지막인데, 신부님, 손 한 번만 다시 잡아 주고 가세요…….".라고 하셨다. 그 모습이 아직도 머릿속에서 사라지지 않는다.

  2천 년 전 예수님께서 이 세상에 오셨을 때에도 그분을 알아본 사람도 있었고 알아보지 못한 사람도 있었다. 그러나 신자인 우리는 결코 그분을 알아보지 못하는 사람이어서는 안 된다. 지금 우리에게 오시는 예수님께서 어떤 모습으로 오시더라도 우리는 깨어 있으면서 그분을 알아보고 그분을 맞이해야 할 것이다. 예수님이신지 아닌지 징표를 보여 달라고 하는 어리석은 신앙인이 되지 말아야 할 것이다.

나도 저렇게 기도하다가 죽고 싶습니다

"그 날과 그 시간은 아무도 모른다.
그러니 항상 깨어 있어라."
마태 25,13

나는 사제로서 그동안 수많은 죽음을 보아 왔기 때문에 나에게 '죽음'이라는 것은 그리 멀게 느껴지지 않는다. 특히 노인 복지 사목을 하다 보니 '죽음'이라는 것이 매우 가까이 있음을 느끼곤 한다. 이번 사순 시기에는 주님의 은총으로 우리가 '죽음'을 어떤 자세로 준비해야 하는지 눈으로 직접 보고 경험할 수 있었다.

사순 제1주일. 사순 시기를 시작하며 성모노인쉼터 어르신들과 함께 주일 미사를 봉헌하기 전에 '죽음'에 관해 묵상을 하고 있었다. 그런데 묵상이 끝나 갈 즈음 갑자기 '쿵' 하는 소리와 함께 통로 쪽에 앉아 계시던 어르신 한 분이 의자에서 떨어져 바닥으로 쓰러지셨다. 제대에 서 있었던 나는 10미터도 채 안 되는 거리에서 건장한 체구의 남자 어르신이 쓰러져 일어나지 못하시는 광경을 바로 목격하게 되었다. 봉사자들이 나와서 조치를 취하고 119 구급대원들도 왔지만, 어르신은 병원으로 옮겨져 1시간여 동안의 심폐 소생술을 받았음에도 불구하고 끝내 선종하셨다. 내가 어르신들과 함께 미사를 봉헌한 지도 18년이 넘었고, 그동안 성모노인쉼터에서 세례를 받은 후에 돌아가신 어르신이 약 500명이나 계시지만, 이렇게 성당에서 함께 기도하시다가 돌아가신 분은 이번이 처음이었다.

  이분은 평소에도 심장이 좋지 않으셔서 성당 안으로 들어오시지 못하고 식당에 앉아 미사를 봉헌하기도 하셨다. 이날도 안색이 좋지 않아 바깥에서 미사를 드리시도록 직원과 동료들이 권유했지만 어르신은 굳이 성당 안, 그것도 평소와는 달리 제대를 정면에서 바라볼 수 있는 정중앙에 자리를 잡고 앉으셨다. 나는 바오로라는 세례명을 가진 어르신의 죽음을 묵상해 보며, 주님께서 우리 성모노인쉼터에 어떤 메시지를 전하시기 위해 이런 일을 보여 주신 것은 아닌지 곰곰이 생각해 보았다.

먼저 든 생각은 '죽음은 이렇게 생각지도 않은 때에 우리에게 닥친다'는 것이었다. 아침 일찍 지하철을 타고 오셔서 동료들과 차를 마시며 이야기도 나누셨던 분인데, 그로부터 두어 시간 후에 이렇게 기도 중에 갑자기 심장이 멎을 것이라고 누가 상상이나 했겠는가? 오늘은 바오로 어르신의 차례였지만 내일은 누구의 차례가 될지 아무도 모르는 것이 아닌가? 그렇기에 이 '죽음'이라는 것을 멀리 있는 것으로 여길 것이 아니라 늘 가까이에 두고 평소에 잘 준비해야 한다고 확실하게 깨달은 것이다.

또 한 가지는 바오로 어르신처럼 '기도하면서 죽는 것이 바로 선종'이라는 것이었다. 이 일이 있은 후, 성모노인쉼터 어르신들은 바오로 어르신을 모두들 부러워하신다. "신부님, 얼마나 복된 죽음입니까! 나도 저렇게 기도하다가 죽고 싶습니다." 성모노인쉼터 어르신들은 5일간의 죽음을 준비할 시간을 달라고 날마다 날마다 기도하신다. 바오로 어르신은 5일간 죽음을 준비할 시간을 온전히 누렸고, 기도 중에 돌아가셨으니 복된 죽음을 맞이하셨다. 먼저 주일에 미사를 봉헌하신 후에 가족들과 설 명절을 함께 보내시고, 그다음 주일 미사에 오셔서 돌아가셨으니 말이다. 더구나 성당에서 동료들과 함께 기도를 바치시고 또 동료들의 기도를 받으시며 선종하셨으니 어르신은 정말 복이 많은 사람이라고 모두들 부러워하신다. 바오로 어르신은 신앙인으로서 언제 올지 모르는 죽음을 잘 받아들일 수 있도록, 그리고 정말 좋은 선종의 은총을 얻을 수 있도록 더 많이 기도하며 준비하라는 무언無言의 유언을 남기시며 이 덧없고 허망한 세상을 떠나시어 하느님 나라, 하느님 곁으로 가신 것이다.

주님께 가고 싶습니다!

풍부한 경험은 노인의 명예며
주님을 두려워하는 것은
그의 참된 자랑이다.
집회 25,6

요양 병원이라는 곳에 발걸음을 한 지도 10년이 넘는 것 같다. 하지만 요양 병원은 언제 방문하더라도 낯설게만 느껴진다. 기본적으로 병원이라는 곳은 병을 치료하고 육신의 건강을 회복해서 생명을 연장시키는, 긍정적으로 보면 새로운 희망과 생명이 시작되는 곳이라고 할 수 있다. 물론 그것이 잘 안 되면 생을 마감하는 곳이 되기도 하지만, 그래도 많은 사람이 삶을 살아가는 데 도움을 받는 곳이다. 그렇지만 요양 병원은 다른 병원과는 다른 것 같다. 요양 병원은 인간적으로 그리고 육체적으로 희망이 없는 곳이 되어 가고 있는 듯하다. 단어의 뜻과 상관없이 이제 대부분의 요양 병원이 노인들에게 죽음을 기다리는 곳이 되고 말았다. 어떤 희망과 생명의 기운이 느껴지지 않는 곳, 사람들이 쉽게 '현대판 고려장'이라고 말하는, 참 가슴 아픈 곳이 되고 말았다. 그래서 요양 병원은 아무리 여러 차례 방문하고 익숙해지려고 해도 늘 낯설고 답답하고 무거운 곳으로 느껴지는 것 같다.

오늘 요양 병원에서 만난 어르신들도 별반 다르지 않았다. 그래도 이 병원은 재활 요양 병원이라 몸은 불편해도 죽음의 문턱에 있는 중한 어르신은 많지 않은 듯 보였다. 하지만 이곳에 계신 어르신들 역시 창 너머로 보이는 바깥세상을 다른 세상 보듯 넘겨보며 시간이 흐르는 것만을 세고 있는 듯한 모습을 보이는 것은 다른 요양 병원과 크게 다르지 않았다. 여느 요양 병원에서처럼 신자인 어르신들은 갑작스러운 이 사제의 방문에 기뻐서 어쩔 줄 몰라 하셨다.

"우리 같은 사람을 다 찾아 주시고…… 이렇게 고마울 수가……. 어떻게 우리 같은 이들을 다 찾아 주십니까?"

이분들의 말씀은 그저 사람이 그리웠기 때문도, 사제가 당신들을 직접 찾아와 주었기 때문만도 아니다. 그분들은 단순하고 인간적인 이유로 이런 말씀을 하신 것이 아니다. 이 잔잔한 외침은 하느님을 향한 가슴 아픈 기도인 것이다.

"매일 성당에 가는 것이 얼마나 좋았는데요……. 연령회도 하고, 안나회(노인회)도 하고, 레지오도 하고, 노인 대학도 다니고…… 날마다 날마다 얼마나 즐거웠는데요……. 지금은…… 이 병원 저 병원 옮겨 다니다가 묵주도 잃어버렸어요. 집에 못 가니 누가 가져다줄 사람도 없지요. 그래서 이렇게 손가락으로 꼽으며 밤마다 묵주 기도를 바치고 있습니다."

하루 일과가 주님께 기도드리고, 미사를 드리시며, 주님의 집에서 머무시는 것이 전부였던 이 어르신들에게 요양 병원은 어느 날 갑자기 빛이 사라진 어둠과 같은 곳이 돼 버렸다. 반가워서 어쩔 줄 몰라 하시며 자랑을 늘어놓으시던 할머니들은 요양 병원 오시기 전 이야기를 하시다가도 어느새 먼 곳을 바라보시며 눈시울이 붉어지신다.

"주님께 가고 싶습니다. 주님께 가게 해 주세요. 주님 도와주세요……. 매일 그렇게 기도할 수밖에 뭐 다른 게 있나요……."

빨리 나아서 집으로 돌아가고 싶다는 희망도 없으시다. 그저 언제 이 생활이 끝날까 하는 막연함만이 쓸쓸하게 남아 있을 뿐이다. 그나마 이분들은 언젠가는 주님께서 데려가 주실 것이라는 희망 하나로 버티고 계셨다.

"나는 남편 떠나보내고 올케하고 둘이서 30년을 같이 살면서 성당에 다니다가 지금은 둘 다 여기 요양 병원 신세를 지고 있어요. 올케는 천식이 심해서 중환자실 가까이에 있는 입원실에 있어야 해서 이렇게 떨어져 있지요. 매일 내가 한 번씩 올케를 찾아 가서 만나는데……. 둘이 만나면 얼싸 안고 눈물만 흘리다가 '우리 한날한시에 주님 곁으로 갑시다. 언제 데려가실지는 주님께서 알아서 하시겠지만 우리 꼭 같이 주님 곁으로 갑시다. 그리고 주님께 기도합시다.' 그런 얘기만 하다가 오는 거지요."

시누이와 올케 사이는 결코 쉽지 않은 사이인데, 두 분 모두 젊은 시절 혼자 되신 후 함께 사신 지가 30년이나 되었다고 하셨다. "올케는 정말 독실한 신자였어요. 자신의 재산 20억 원을 성당 짓는 데 다 봉헌하고, 자식도 없이 늘 하느님께 봉사하며 혼자 산 사람이었지요. 그래서 성당에서 좋은 곳에 묫자리도 마련해 주었어요. 우린 죽으면 거기에 같이 묻힐 거예요. 그런데 그런 게 다 무슨 소용이에요. 지금은 혼자 움직이지도 못하고 이렇게 요양 병원에 누워만 있는걸요……." 할머니는 지금껏 어렵지 않게 살았다고, 지금도 먹고살 만큼 돈은 있고, 병원비도 있다고 말씀하셨지만, 이내 그런 것들은 다 소용도 없다 하시며 창 너머로 지나가는 차를 바라보셨다. 금방이라도 눈물이 떨어지실 것 같았지만, 애써 대접할 게 없다 하시며 화제를 돌려 눈물을 감추셨다.

앞 침대에 계시는 할머니가 "누가 내 장롱 가져간다.", "나 밥 좀 줘.", "나 여기서 꺼내 줘." 하시며 소리를 치시자, "저 이는 불쌍한 노인이에요. 치매에 걸려서 계속 저렇게 소리 지르고 있어요. 자식들이 대놓고 죽으라고 여기다가 내다 버린 거라고 하더라고요. 너무 불쌍해요."라고 하시며 혀를 차신다. "지금 아무도 없으니까 그냥 가만히 있어."라고 할머니가 말씀하시자 치매에 걸린 할머니는 "네, 알겠습니다."라며 잠잠해지셨다. 할머니 말씀은 잘 듣는다고 했다. 저렇게 마음이 허해서는 날마다 먹을 것만 찾는데, 찾아오는 사람이 아무도 없으니 더 허전해서 저러는 것 같다고 하셨다.

마침 치매 할머니가 "이리 좀 와 봐요, 이리 좀 와 봐요." 하며 자꾸 나를 부르셔서, 가서 할머니 손을 잡아 드렸다. 그랬더니 대뜸 하시는 말씀이 "나 회장 되고 싶어요. 나 높은 사람 되고 싶어요. 하느님께 말씀 좀 해 줘요. 나 높은 사람 되게 해 달라고요……."였다. 그런 할머니의 모습을 보고 있으니 안타까운 마음이 들어 더 손을 꼭 잡고 말씀드렸다. "할머니, 여기서 높은 사람 되면 뭐해요. 하느님 나라 가시는 게 중요하지요. 얼른 하느님 대전에 가게 해 달라고 기도하세요. 빨리 하느님 만나게 해 달라고 기도하세요. 그게 더 좋아요…….”라고 말씀드리니까, 할머니는 “그럼, 하느님께서 나 언제 데려가신다고 해요? 올해 데려가실까요? 그것 좀 여쭤봐 줘요.” 하신다. “할머니, 그건 아무도 모르는 거예요. 빨리 하느님 나라 데려가 달라고 자꾸 기도하세요.”라고 말씀드리자, 치매 할머니는 “언제 가는 거지? 언제 가? 언제……?” 하시더니 점점 잠잠해지셨다. 두 할머니가 마주 앉으셔서 날마다 이런 일을 반복하시겠구나 하고 생각하니 마음이 매우 무거워졌다.

어찌 되었든 주님께 모든 것을 맡기고 주님께서 부르실 그날을 준비하시며 기다리시는 할머니, 죽음이 코앞에 왔는데도 세속적인 욕심을 버리시지 못한 채 헛된 것을 붙잡고 놓지 못하시는 치매 걸리신 할머니……. 이 두 분을 뵈면서 요양 병원은 사람의 생과 사가 갈리는 곳이기도 하지만, 영혼의 구원과 멸망이 갈리는 곳임을 다시 한번 깊게 생각하게 되었다.

어르신들이 요양 병원에 계시는 동안, 정신이 조금이라도 살아 있을 때, 자신의 삶을 돌아보시고 뉘우치시면서 하느님께 용서를 비시고, 그분 앞에 나아갈 그날을 손꼽아 기다리는 그런 의미 있는 시간을 보내실 수 있도록 도와 드려야 하지 않을까. 하루하루 죽음의 날을 기다리기만 하시는 것이 아니라, 하느님을 만나 뵈러 간다는 간절한 가슴 떨림으로 기도하면서 하루하루를 보내실 수 있도록 진정으로 도와 드려야 하지 않을까.

저는 죄인이에요

"나는 선한 사람을 부르러 온 것이 아니라
죄인을 부르러 왔다."

마태 9,13

　북한산 바로 아래에 조용하고 깨끗한 마을이 있고, 마을의 큰길가에 요양 병원 네 개가 나란히 줄지어 있었다. 점심 식사 직후에 방문을 해서 그런지 어르신들은 거의 모두 불을 끄고 낮잠을 주무시고 계셨다. 그날은 4월답지 않게 강한 바람이 불고 비까지 추적추적 내리는 날씨여서, 어르신들은 갑자기 추워진 기온에 적응하지 못하시고 몸을 잔뜩 움츠리신 채 이불을 뒤집어쓰시고 잠을 청하고 계셨다. 그 가운데 아무도 보지 않는 TV만 혼자 큰 소리로 떠들고 있었다.

　문을 열고 들어가며 "성당 다니시는 분 계세요?" 하자, 마리아 할머니가 얼른 몸을 세워 일어나 앉으시며 엉클어진 머리를 만지시면서 수줍어하셨다. "여기 온 지 3년 되었는데 신부님을 만난 적이 없었습니다." 하시면서 떨리는 두 손을 애써 합장하셨다. "이것이 어찌된 일인지…… 밥 먹고 스산해서 몸이 떨려 누워 잠을 청하고 있었는데…… 어떻게 이런 일이……." 성체를 영하시고 병자성사를 받으신 것이 그저 믿기 어려우신 듯했다. 상자 속에 고이 모셔 둔 묵주와 성경을 꺼내 보이신 할머니는 우리 일행과 함께 '선종을 준비하는 기도'를 다 바치시고 난 뒤에야 흥분을 가라앉히시고 당신의 이야기를 풀어놓기 시작하셨다.

"다니던 성당이 멀어서 신부님은 한 번도 뵙지 못했어요. 대모님만 매달 한 번씩 찾아오시곤 하지요. 여기 온 지 3년 되었는데……. 성당에 다니기 시작한 건 3년 반 전이에요. 세례를 받자마자 이렇게 되었습니다……. 저는 죄인이에요. 주님 대전에 나가지도 못하고, 기도도 제대로 못하고 있으니……. 저 같은 죄인이 또 어디 있겠어요……." 이렇게 말씀하시며 눈물을 흘리기 시작하셨다. 겉으로는 너무나 정정하고 건강해 보이셨는데 대체 어디가 편찮으셔서 요양 병원에 계시는 것인지 여쭈었다. "마음이 우울하고, 이렇게 자꾸 눈물만 나고, 죽고 싶은 생각만 들고, 아무것도 하고 싶은 것이 없고……. 여러 병원에 다녀 봤는데 아무 이상은 없대요. 그래서 이렇게 여기 오게 된 거예요."라고 말씀하시면서 계속 눈물을 훔치셨다. "이 요양 병원에 와서도 이 병실 저 병실을 옮겨 다녔는데, 이 병실로 옮긴 지는 8일쯤 되었어요. 그전 병실은 옥상 공원이 가까워서 매일 아침 옥상에 올라가 1시간씩 묵주 기도를 바치곤 했지요. 그런데 이 병실에 오면서는 또 낯설고 불안해서 기도도 못 하고 있어요. 여기저기 옮겨 다니느라 정신이 더 없어졌어요. 저는 죄인이에요……. 저 같은 죄인이 어떻게 감히 기도를 하겠어요……."

마리아 할머니는 너무나 선하고 얌전하셔서 수줍게 당신의 이야기를 하시면서도 그저 당신은 너무나 큰 죄인이라고 고백하시며 부끄러워하셨다. "할머니, 우리 모두는 누구나 다 죄인입니다. 그래서 하느님께 기도를 드리는 겁니다. 할머니께서는 지금 성당에 가고 싶어도 갈 수가 없어 못 가시는 것이니까 그건 죄가 아닙니다. 대신 다른 사람들보다 훨씬 더 많이 기도하실 수 있습니다. 성모님의 성의聖衣인 스카풀라를 목에 걸어 드리겠습니다. 그러면 마음이 편해지실 거예요. 그리고 손에서 묵주를 절대로 놓지 마시고 성모님께 계속 기도드리시면 그런 우울한 마음들이 점점 사라지실 겁니다." 할머니는 고개를 끄덕끄덕 하시며 "신부님, 이렇게 고마울 수가……. 이렇게 감사한 일이 또 어디 있겠어요……."라고 하시며 여전히 흐르는 눈물을 계속 닦아 내셨다. 자리에서 일어나는 우리 일행을 쳐다보시던 할머니는 아쉬움에 더욱 굵은 눈물을 흘리셨지만, 얼굴에는 환한 미소가 번지셨다. 그러고는 뒤돌아서서 나오는 이 사제를 향해 "하느님, 감사합니다. 신부님, 감사합니다……."라는 말만을 반복하셨다. 나는 할머니를 뒤로하고 나오며 이 마리아 할머니의 영혼을 간절하게 주님과 성모님께 맡겨 드릴 뿐이었다. 본인이 큰 죄인이라고 생각하는 마리아 할머니의 저 두려움과 슬픔을 위로해 주시고 용기를 주실 분은 이제 주님과 성모님밖에 없을 것이니까…….

제발 살려만 주십시오. 당신만 믿겠습니다

"저에게 자비를 베풀어 주십시오."
루카 18,38

"신부님, 저는 마태오라고 합니다."

요양 병원 중에서도 재활 치료를 병행하는 요양 병원이 있다. '중풍'이라는 병으로 쓰러진 분들이 물리 치료와 운동 치료 등을 통해 다시 걸을 수 있도록 치료하는 병원이다. 재활 병원 운동 치료실에서 발의 근육을 열심히 풀고 계시던 마태오라는 이 형제님은 너무나 건강해 보였다. 형제님에게 예수님, 성모님, 성 요셉님 각각의 상본을 건네 드리자 "바로 이분이 저를 살려 주셨습니다."라며 성모님을 손가락으로 가리켰다. 바로 이 성모님께서 본인에게 나타나셨다는 말에, 우리는 그림에서 뵌 성모님을 꿈속에서 본 것이겠지 하는 마음으로 반신반의半信半疑하며 어떻게 나타나셨는지 여쭤보았다.

그때 마침 다른 환자의 보호자로 옆에 앉아 계시던 신자인 자매님이 "이 형제님은 부인도 자식도, 가족들 모두 개신교예요. 그런데 혼자만 저렇게 열심히 성당에 다녀요."라며 소개해 주셨다. "맞아요. 저희 집은 조상 대대로 개신교였어요. 부인도 개신교였고, 저도 그랬지요." 개신교였던 사람이 어떻게 성모님을 보게 된 것인지 궁금증이 더욱 커져만 갔다.

"저는 운동을 하다가 쓰러졌어요. 중환자실에서 의식 없이 누워 있는데 어떤 부인이 나타나서 '내가 너를 살려 주겠다.'라고 하셨어요. 그래서 저는 그분께 소원을 빌었습니다. '제발 살려만 주십시오. 당신만 믿겠습니다. 제발 살려 주십시오.'라고 말씀드렸습니다. 그리고 보시다시피 저는 이렇게 다시 살아났습니다."

마태오 형제님은 그 당시는 천주교 신자도 아니었고, 성모님을 그림으로도 성상으로도 뵌 적이 없었다고 했다. 깨어난 후에야 중환자실에서 자신에게 나타난 그 부인이 성모님이심을 알게 되었고, 중환자실에서 나온 즉시, 잘 걷지도 못하는 몸을 이끌고 어렵사리 병원 인근에 있는 성당을 찾아갔다. 그리고 성당의 안내를 받아 예비 신자 교리를 신청했고 매주 토요일마다 병원에서 외출 허가를 받아 교리 공부를 다니기 시작했다. 교리 공부를 다 마치고 그해 주님 성탄 대축일에 개근상까지 받으며 세례를 받게 되었다.

"집안에서는 난리가 났습니다. 아버지, 어머니 모두 야단을 하셨지요. 그래도 어쩝니까? 나를 살려 주신 분의 뜻을 따라야 하지 않겠습니까? 저분이 나를 살려 주셨는데 성당에 나가는 게 당연한 거 아닙니까? 내가 살고 봐야 하는 거 아닙니까? '살려만 주시면 당신만을 믿겠습니다.'라고 약속했으니 그 약속을 지켜야지요. 이제 구약 성경을 다 읽었으니 이제 신약 성경을 읽기 시작할 것입니다."

씩씩하게 말씀하시는 형제님은 너무나 행복한 얼굴로, 성모님께서 자신을 끝까지 돌보아 주실 것이라고 굳게 믿고 있었다. "지금은 가끔 산에도 갈 수 있을 정도가 되었습니다. 빨리 완쾌되어 더 열심히 성당에 다녀야겠지요. 식구들이 뭐라고 해도 이제 상관없습니다. 저는 그분 덕에 살았으니까요. 저를 살려 주신 분을 끝까지 따라갈 것입니다."

나는 그분에게 묵주와 스카풀라를 드리며 성모님께 묵주 기도를 많이 하시라고 알려 드렸다. 그리고 그곳을 나오면서 성모님께서 당신을 알지도 못하는 사람에게까지도 이런 기적 같은 사랑을 베풀어 주신다는 것을 깊이 깨닫고 성모님께 감사 기도를 드렸다.

나는 예수님, 성모님 손을 꼭 잡고 천국으로 갈 거예요

"하느님, 제 영혼을 하느님께 맡깁니다!"
루카 23,46 참조

올해로 97세가 되셨다는 할머니는 겉으로 보기에는 너무나 정정해 보이셨다. 성체를 영하시고는 어린아이처럼 좋아서 어쩔 줄 몰라 하셨다. "제가 성당에서 성모회장을 20년이나 했어요. 어려서부터 해 왔기 때문에 몸이 성치 않은 지금도 묵주 기도를 처음부터 끝까지 다 할 수 있어요……. 제가 신부님을 모시고 다녀야 하는데요……. 제가 20년 동안 신부님 모시고 병자 방문도 다니고 선교도 다니고 했는데요……. 제 다리만 성하다면 신부님을 모시고 다녀야 할 텐데요……."

할머니는 내가 드린 '선종을 준비하는 기도'와 묵주, 스카풀라를 받아 들고는 기쁨을 감추지 못하셨다. "어머, 이 기도는 내가 매일 바치는 기도랑 똑같아요. 저는 아침에 눈을 뜨면 성호를 긋고 주님의 기도, 성모송을 바치고는 '예수님, 성모님 사랑합니다. 예수님, 성모님 손 꼭 잡고 예수님, 성모님 곁으로 가게 해 주세요.'라고 기도해요. 그리고 자기 전에도 그렇게 기도를 하는데, 여기 '예수님, 성모님 제 영혼을 당신 손에 맡깁니다.'라고 돼 있잖아요. 나는 예수님, 성모님 손을 꼭 잡고 천국으로 갈 거예요. 꼭 그렇게 되게 해 달라고 날마다 기도해요." 하시더니 이내 눈에 눈물이 핑 도셨다. "저는 날 위해 기도해 본 적은 없어요. 믿지 않는 사람들을 위해 기도할 뿐이지요. 이 방에도 믿는 사람들이 없어요. 저밖에 없어요. 신자가 있었던 적도 있지만, 기도할 수 있는 이는 없었어요. 저는 사람들이 하느님을 믿게 해 달라고 날마다 기도해요."

과연 성당 성모회장을 20년 하신 분다웠다. 97세라는 나이가 무색할 정도로 얼굴도 맑고 깨끗하셨다. 어린아이처럼 천진난만하게 웃으시며, '선종을 준비하는 기도'에서 눈을 떼지 못하셨다. 전에는 건강해서 성당 활동도 많이 하고 사람들한테 하느님을 전하러 많이 다니기도 했는데 이제는 혼자 걸을 수가 없어서 아무것도 할 수 있는 게 없다고 하시며 이내 숙연

해지셨다. "대신 할머니는 이제 기도를 더 많이 하실 수가 있잖아요. 기도가 더 큰 힘이 되거든요. 할머니가 사제를 모시고 다니며 봉사하지는 못하셔도 기도를 통해서 더 크게 봉사하실 수 있습니다."라고 말씀드리자 할머니는 다시 해맑게 웃으시며 "저는 날마다 기도만 해요. 이 세상의 믿지 않는 사람들을 위해서……." 하시며 씩씩하게 말씀하셨다.

  이 어르신도 평생을 하느님 안에서 열심히 봉사하고 기도하고 사랑하며 사셨지만, 지금은 혼자 힘으로는 아무것도 하실 수 없는 처지에 요양 병원 신세까지 지고 계신다. 하지만 예수님, 성모님 손을 꼭 잡고 그분들 곁으로 가야겠다는 굳은 믿음과 희망은 그런 상황들도 꺾지 못하는 것 같았다. 어린아이 같은 그 순수한 마음을 주님께서는 다 읽고 계실 것이다. 때마침 들어온 간호사 선생님이 "천주교를 믿는 할머니이셔서 이렇게 깨끗하고 얼굴이 맑았네요."라며 감탄하셨다. 이 어르신이 비록 신자로서 아무런 성사 생활도 하지 못하고, 봉성체도 자주 받지 못하는 어려운 상황에 처해 계시지만, 얼마나 진심으로 하느님을 기다리며 갈망하고 지내시는지 알 것 같았다.

효도 계약서와 불효자 방지법

부모를 업신여기는 자는
반드시 사형에 처하여야 한다.
탈출 21,17

요즘 뉴스에 심심치 않게 등장하는 단어가 있다. 일명 '효도 계약서'! 또 부모의 재산을 증여받은 자식이 '부모를 학대하거나 부당한 대우를 할 경우'에는 증여를 취소하고, 부모를 폭행한 자식은 부모의 의사와 상관없이 형사 처벌을 하는 '불효자 방지법'이 국회에 계류 중이기도 하다. 노인 복지 사목을 한 지 18년……. 하지만 상상도 하지 못했던 일이 벌어지고 있는 현 시대를 어떻게 표현해야 할지 난감하기만 하다. 자식들에게 효도까지 바라지는 않지만, 그래도 지금까지는 마땅한 것으로 여겨져 온 자식의 부양을 받기 위해서 부모 자식 간에 계약서를 써야 한다니, 게다가 그것이 이행되지 않으면 소송까지 벌인다고 하니 시쳇말로 '막장 드라마'가 바로 우리의 현실이 되어 버린 것이다.

이러한 가운데 성탄 대축일이 지난 후에 나온 한 가정의 '불효 소송' 뉴스는, 여러 사건들로 가뜩이나 어렵고 답답한 연말 연시에 우리들에게 한숨 쉴 일을 더해 주었다. 76세인 한 어르신이 소송을 통해 아들에게 물려주었던 재산을 되돌려 받으셨다는 뉴스였다. 이 어르신은 12년 전 자신이 일군 중소기업과 2층 한옥 집을 아들 명의로 넘겨주었다. 하지만 아들네 가족은 1층, 어르신 내외는 2층에 살고 있었음에도 불구하고 식사는 고사하고 아래층과 위층을 오가는 왕래조차 거의 없었다. 어르신은 토지까지 모두 팔아 아들이 진 회사 빚도 갚아 주었지만 아들은 병든 부모를 전혀 돌보지 않다가 어머니가 거동마저 어려워지자 요양원에 보내려 했다. 이런 아들 내외에게 실망한 어르신은 집을 팔아 아파트를 얻어 이사를 나가려 하셨고, 그것을 만류하던 아들이 마침내 부모에게 막말을 하는 지경까지 이르렀다. 결국 어르신은 아들을 상대로 부동산 반환 소송을 내셨으며 법원은 1심과 2심은 물론 대법원까지 이 어르신의 손을 들어 주었다. 어르신은 아들에게 집을 물려줄 당시 '충실히 부양하겠다'는 각서를 받으셨는데, 그것이 주요하게 작용을 한 것이다.

이러한 경우에 쓰는 각서가 일명 '효도 계약서'인데, 이 계약서에 거론된 조건을 살펴보면 더 할 말이 없어진다. 계약의 기본 내용은 '부모가 자식에게 재산을 물려주는 대신 자식은 부모에게 효도한다'는 것이다. 거기에 덧붙여 저마다 다른 세부 내용이 들어간다. "월 1회 이상 함께 식사한다.", "한 달에 50만 원씩 용돈을 지급한다.", "부모의 동의 없이 다른 형제 집으로 보내지 않는다."와 같은 것이다. 이 계약서에는 거창한 내용도 없다. 자식이라면 당연히 해야 할 일들이다. 시대가 참 이상하다. 정말 희한한 시대가 되었다. 이런 시대를 비꼬며 요즘 어르신들 사이에 유행하는 우스갯소리가 있다. "자식에게 재산을 전혀 넘겨주지 않으면 자식에게 맞아서 죽고, 재산을 반만 넘겨주면 매일 윽박지르는 자식 때문에 무서워서 떨다가 죽고, 재산을 전부 다 넘겨주면 굶어서 죽는다." 어르신들에게 이 이야기를 해 드리면 모두 허탈한 쓴웃음만 지으신다. 하지만 결론은 하나다. 얼마 전 한 어르신이 내게 하신 말씀 가운데 이 모든 상황에 대한 답이 들어 있다. "자식만을 바라보며, 자식만을 위해 살아왔습니다." 그렇다! 우리가 하느님을 바라보지 않고,

하느님께 기도드리지 않고 오직 자식들의 출세와 명예와 재물과 건강만을 위해 살아왔기 때문에 이러한 결과를 초래한 것이다. 지금의 상황은 자식들에게 가장 중요한 신앙을 전해 주지 않고 오직 자기 자신만을 믿으며 살라고 가르친 결과가 아니겠는가?

5장

제 덕이
아닙니다.
모두 주님의
은총입니다

박카스 할머니

무슨 일을 하든지
너의 마지막 순간을 생각하고
절대로 죄를 짓지 마라.
집회 7,36

얼마 전 종묘 공원 노인의 삶을 소재로 한 영화가 상영되었다. 〈죽여주는 여자 The Bacchus Lady〉라는 이 영화는, 종로 일대의 노인들을 상대하며 근근이 살아가는 65세의 '박카스 할머니'에 관한 이야기를 담았다. 지하철 종로 3가역에 내리면 흔하게 마주칠 수 있는 아줌마, 아니 할머니들……. 종로 3가역 일대가 배경이어서 영화 속에 나오는 거리도 낯설지 않았다.

주인공인 박카스 할머니는 한때 자신의 '단골 고객'이었던 노인이 요양 병원에 입원해 있는 것이 측은하여 병문안을 갔다. 뇌졸중으로 쓰러져 요양 병원에 있는 노인은 할머니에게 죽고 싶다며 '죽여 달라'고 부탁했다. 할머니는 망설임 끝에 노인의 입에 농약을 부어 줌으로써 그를 정말로 '죽여 주었다'. 하지만 미국에서 온 아들 내외도, 손자도 노인의 죽음에 슬퍼하는 기색이 없었다.

그 할머니에게 두 번째로 '죽여 달라'는 부탁을 한 노인은 종로 3가 쪽방촌에 사는 건강한 노인이었다. 그는 함께 산에 올라가 자신을 밀어 달라고 할머니에게 부탁했고, 할머니는 또 그를 '죽여 주었다'.

그리고 세 번째 노인. 돈이 많은 그 노인은 할머니를 호텔로 데리고 갔다. 그리고 할머니에게 돈을 주며 자신이 죽을 때 옆에 있어 달라고 부탁했다. 노인은 수면제를 한 줌 먹고 할머니에게는 한 알을 건넸다. 할머니가 아침에 눈을 떠 보니 노인이 옆에 죽어 있었다. 그렇게 세 번째 노인도 '죽여 주었다'.

그리고 박카스 할머니는……. 호텔 CCTV에 찍혀 살인죄로 교도소에 가게 되었다. 그래도 할머니는 그것이 더 편했다. 이제 늙은 할아버지들을 상대하지 않아도 되고, 돈을 벌지 않아도 된다. 생활에 대한 걱정 없이 교도소에서 지내면 되니까……. 영화의 마지막 장면은 박카스 할머니의 이름이 새겨진 무연고자들의 납골당 모습을 비추며 끝이 난다.

이는 그동안 노인 복지 사목을 해 오면서 들어 오고 보아 왔던 낯설지 않은 이야기들이었지만, 그래도 이렇게 영화화된 것을 보면서 정말로 이것이 오늘날 우리나라의 현실이라는 사실에 마음이 착잡했다.

　나는 노인 문제에 접근하면서 다섯 가지 측면을 늘 이야기해 왔다. 바로 경제적·신체적·사회적·정서적·신앙적인 부분에서 노인 문제를 살펴봐야 하고 풀어 가야 한다는 것을 강조해 왔다. 이 다섯 가지 측면은 거의 모든 어르신이 안고 있는 문제다. 이 영화 속에 등장하는 어르신들은 경제적으로 풍족하거나, 건강한 신체를 갖고 있는 등 다섯 가지 중에 한 가지 이상은 문제가 없는 노인들이었다. 하지만 가장 중요한 신앙적인 측면이 부족했기에 인생에 대한 소중함과 영원한 생명에 대한 가치를 깨닫지 못하고 극단적으로 '죽음'을 선택했다. 이 시대에는 어르신들 대부분이 이와 같은 상황에 내몰리고 있다.

　그렇다면 이런 어르신들이 참신앙을 가지고 계신다면 그 결과는 어떠할까? 내가 노인 복지 사목을 하는 근본적인 이유는 바로 이분들에게 참신앙을 알려 드리기 위한 것이다. 종묘 공원 노인들을 대상으로 시작된 성모노인쉼터……. 이곳에 오시는 어르신들도 영화 속 노인들과 같은 고민과 고통을 겪고 계신 분들이었다. 그러나 18년이라는 세월이 흐르면서, 이분들은 하느님을 알고, 하느님께서 계시는 천국을 그리게 되었다. 그러면서 우리 성모노인쉼터 어르신들은 영화 속 노인들과는 다른 모습으로 변해 가고 있다. 조금 가난해도, 여기저기 아픈 데가 많아도, 자식들이 찾아오지 않아도, 이제는 크게 걱정도, 낙담도, 실망도 하지 않으신다. 대신 지나온 삶을 잘 정리하고자 하는 의지를 갖고, 남은 생을 속죄와 보속의 시간으로 삼아 더 열심히 살고자 노력하시면서 천국을 간절하게 그리는 희망을 갖게 되셨다. 이런 어르신들의 변화를 지켜보면서 나는 이런 생각을 한다.

'내가 어르신들을 위한 복지를 한다고 해서 이분들이 흡족할 정도로 얼마나 많은 것을 해 드릴 수 있을까? 쌀을 구해 나눠 드리고, 의사분들의 도움으로 아픈 곳을 낫게 해 드리고, 병원비와 생활비를 도와 드리고, 속상한 이야기를 들어 드린다고 해서 과연 이 어르신들이 완전히 행복해지실 수 있을까? 그 대신 이분들에게 하느님의 사랑을 전해 드리고 하느님 사랑으로 이끌어 드리면 하느님께서는 나보다 훨씬 더 많은 사랑과 은총을 이분들에게 주시지 않겠는가! 바로 여기에 가톨릭교회가

추구해야 할 노인 복지 사목의 궁극적 목적이 있는 것이다. 이를 위해 최선을 다하려고 노력할 때, 내가 사제로서 '노인 복지 신부'라고 당당히 소개할 수 있는 것이 아니겠는가!'

　노인 복지 사목 20년을 바라보며 나는 어르신들에게 남은 것은 오직 하느님 사랑뿐이라는 것을 확신한다. 그리고 이 사실보다 더 중요한 것 역시 결코 없다는 것도 확신한다.

십자 성호를 그으실 힘조차 남지 않으셨다

사람은 제아무리 대장부라도
죽으면 별수 없고 숨만 지면 그만입니다.
사람은 누우면 일어나지 못합니다.
욥 14,10.12

연일 낮 최고 기온이 최고치를 갱신하는 8월 삼복더위에 편찮으신 몸을 이끌고 쉼터에 열심히 다니시던 어르신 한 분이 또 선종하셨다. 평소 심장이 좋지 않고 수술도 여러 차례 받으신 베드로 어르신은 소변 주머니를 차고 다니시는 분이셨다. 하지만 늘 점잖으시고 옷차림도 단정하셨으며 평일 미사와 주일 미사에 열심히 참례하셨기 때문에 어느 누구도 그분이 소변 주머니를 차고 다니신다는 사실을 눈치채지 못했다.

그런데 한여름 더위가 시작되면서 어르신의 모습이 보이지 않으셨다. 어르신들에게 안부 전화를 드리는 봉사자를 통해 알아보니, 건강이 좋지 않아 병원에 입원과 퇴원을 반복하게 되어 외출하지 못하는 상태라는 이야기를 들을 수 있었다. 봉사자가 병자성사를 권유했을 때는 조만간 당신이 나오실 수 있을 것 같다면서 애써 회복을 기대하고 계셨다. 그러나 일주일 간격으로 두어 차례 전화를 드리는 사이에, 어르신의 목소리에는 점점 기운이 없어졌고, 그 이후에는 전화조차 받지 못하실 만큼 기력이 떨어지셨다. 나는 아무래도 이 더위를 못 넘기시겠다 싶어 병자성사를 드리러 댁으로 찾아뵙기로 했다.

 방문하기로 한 날 오전에 전화를 드리니, 부인 되시는 할머니가 받으셔서는, 곡기도 끊으셨고 사람도 알아보지 못하시니 오실 필요가 없으실 것 같다며 전화를 끊어 버리셨다. 오랜 병간호에 연세 드신 할머니마저 지치신 것 같았다. 다른 어르신 두 분을 방문하여 봉성체를 해 드리고 나서 오후에 다시 전화를 드렸다. 그제야 할머니는 어르신이 기다리고 계시다면서 집을 알려 주셨다. 그날 역시 날이 얼마나 뜨거운지 차를 타고 다녀도 숨이 막힐 정도였다.

 문을 열어 놓고 기다리시는 어르신 댁에 들어서니, 어르신은 거실에 나와 누워 계셨다. 머리맡에는 성모상과 십자가, 묵주, 기도서, 성모님 상본이 담긴 액자 등 그동안 할아버지가 기도

하시던 성물들이 놓여 있었다. 할머니가 "신부님 오신다고 하니 할아버지가 손짓으로 모두 꺼내 오라고 하시며 당신도 마루에 뉘여 달라고 하셨습니다."라고 말씀하셨다. 할아버지는 의식도 거의 없으시고 말씀도 못하시고 손을 들 힘도 없으셨지만, 사제가 온다는 말에 그렇게 마루에 나와 기다리고 계셨던 것이다.

내가 옆으로 다가앉자, 어르신은 연신 손을 들어 성호를 그으려고 하셨다. 하지만 손을 이마에 올리면 바로 떨어지고, 또 올리면 바로 떨어지고……. 할아버지는 십자 성호를 그으실 힘조차 남지 않으셨다. 그래도 베드로 어르신은 계속해서 성호를 그으시려는 노력을 멈추지 않으셨다. 아침부터는 물도 못 드셨다고 해서 성체도 아주 작은 조각으로 영해 드렸다. 눈도 못 뜨시고, 말씀도 못하셨지만 병자성사를 받으시며 내가 드리는 말씀에는 모두 반응을 보이셨다. 그동안 매일 '선종을 준비하는 기도'를 바치시면서 잘 준비를 하고 계셨으리라는 확신이 들었다. 마지막 인사를 드리고 혹시 선종하시면 연락을 달라고 며느님에게 연락처를 적어 드리고 돌아섰다. 그날은 금요일 오후였다. 그리고 주일 새벽에 아드님에게서 전화가 왔다.

"토요일 밤 10시에 아버지께서 편안하게 선종하셨습니다."

성모노인쉼터에 열심히 나오셔서 기도하시는 어르신이었기에 사제가 때맞춰 병자성사를 드릴 수 있었고, 또한 평소에 미리 준비가 되어 있기에 기도하면서 선종할 수 있었던 것이다. 이러한 영혼을 하느님께서 얼마나 귀히 여기실까 하는 생각이 들었다. 그리고 이 모든 것이 하느님께 영광과 감사를 드려야 할 일이며, 또 하느님께서는 얼마나 기뻐하실까 하는 생각으로 이어졌다. 장례식장에서 장례 미사를 봉헌하며 베드로 할아버지의 영정 사진을 바라보니 할아버지가 기쁘게 웃고 계시는 듯 보였다.

이제는 아무것도 모르겠습니다

아비를 욕하고 어미의 은덕을 기릴 줄 모르는 세상.
잠언 30,11

요양 병원에 들어서는 마음은 늘 무겁고 어둡다. 하지만 묵주 기도를 바치면서 어르신들을 만나기 위해 병실에 들어서면 너무나 반가워하시는 어르신들의 모습에 무거운 마음은 이내 곧 표현할 수 없는 안쓰러운 마음으로 바뀐다. 특히 내 손을 꼭 붙드시고 "감사합니다. 감사합니다."라는 말밖에 아무 말씀도 못 하시는 어르신들을 뵙고 있으면, 무슨 말씀을 드려야 할지 사실 난감해진다.

내가 요양 병원을 방문할 때 어르신들은 병자성사를 받으시고, 성체를 영하신 후 한결같이 기뻐하시면서도 자신에게 무슨 일이 벌어졌는지 믿지 못하시는 경우가 자주 있다. 왜냐하면 집에서 멀리 떠나와 본당 신부님께 정기적으로 봉성체를 받지 못하는 어르신들에게는 알지도 못하는 이 낯선 사제의 갑작스러운 방문이 당황스럽기 때문일 것이다. 그래서 병자성사와 봉성체 후 어르신들은 내게 "어느 성당에서 오신 신부님이십니까?"라며 질문을 하신 후 "어떻게 이런 일이……."라며 어리둥절해하시다가 가벼운 흥분이 가라앉으면 "감사합니다. 감사합니다."라는 말씀만 반복하신다. 나는 이런 분들께 어디에서 오셨는지, 요양 병원에 오신 지는 얼마나 되셨는지 여쭈어본다. 그러면 내 질문에 짧게 대답을 하시다가 몇 마디 오간 후에는 어느새 고개를 떨구시거나 먼 곳을 뜻 없이 응시하신다. 마치 과거의 생각에 젖어 드시는 것도 같고, 지금 자신이 처한 상황을 안타까워하시는 것도 같다.

 그런 분들 중에서 모처럼 호탕하게 말씀하시는 할아버지 한 분을 만나 뵙게 되었다. "저는 장 요셉입니다! 반갑습니다. 신부님." 씩씩하게 자신을 소개하시며 악수까지 청하셨다. "우리 집안에 신부님이 세 분이나 계십니다." 하시며 큰 목소리로 집안 자랑을 늘어놓으셨지만, 지금은 이 요양 병원 저 요양 병원 전전하다 보니 본인이 어디서 왔는지도 모르겠다고 하셨다. 이 요양 병원에서만 벌써 2년째라고 하셨다. "신부님, 여기가 어딘지 아시지요? 요양 병원이에요, 요양 병원! 요양 병원이 어떤 곳인지 아시지요?" 그 말씀 끝에는 얼른 나아서 집으로 돌아가시겠다는 의지는 전혀 없으신 듯 보였다. "이제는 아무것도 모르겠습니다. 아무 소용도 없고요."

그 옆 병실에 계신 베네딕토라는 할아버지도 역시 어떻게 해서 여기까지 오게 되었는지 모르겠다고 하셨다. "이곳저곳 계속 옮겨 다니며 떠돌고 있습니다." 그러시고는 고개를 푹 수그리시며 "신세가 이러니 기도도 못 하겠어요. 요양 병원에만 있으니 마음까지 너무 아파서 기도도 하지 못합니다. 그저 모든 게 다 싫은 거죠……."라고 겨우 말씀하시고는 돌아누우셨다. 그 옆에 계신 할아버지는 성체를 영하시고 하염없이 어린아이처럼 참지 못하시고 우셨다. 그 기쁨과 서러움에 식사도 못 하시고 밥상을 물리시더니 "내가 신부님을 만나다니……."라며 소리 내어 엉엉 울기 시작하셨다. 어르신이 울음을 그치지 않으시기에 간호사가 어르신이 식사하셔야 하니 그만 나가 달라고 양해를 구해 왔다. 그래서 사연은 더 듣지 못하고 나왔지만, 앞서 만난 어르신들과 다를 게 없을 것 같았다.

요양 병원에는 치매에 걸리시거나 중풍이 와서 혼자 거동을 하실 수 없는 분들만 계시는 것이 아니다. 눈이 먼 분도 계시고, 말씀을 못하시는 분도 계시고, 듣지 못하시는 분도 계시고, 누워 일어나지 못하시는 분도 계셨다. 이분들의 아픔과 불편함이 마치 새장 속의 새처럼 이분들을 요양 병원에 가두어 두는 것 같았다. 하지만 이분들이 겪으시는 육체적 고통은 정신적 고통에 비하면 아무것도 아닐 것이다. 지나간 시간에 관한 이야기를 꺼내면 고개를 떨구시거나 먼 곳을 의미 없이 초점 없는 눈으로 바라보시는 그 회한 속에 이분들이 살아오신 힘겨운 삶이 모두 들어 있을 것이다. 하지만 이분들께 말을 건네는 이들은 똑같은 아픔을 가진 이들뿐이다. 이 어르신들은 한 방에 한 분씩은 계시는 치매 어르신들이 하시는 어린애 같은 말과 행동을 나무라시거나, 그와 같은 언행으로 동조해 주시며 하루의 일상을 보내신다. 이분들이 비록 육체적으로 자유롭지 못하시지만, 자신의 영혼을 하느님께 올려 드리며 좀 더 의미 있는 시간을 보내실 수 있도록 도와 드릴 수 있는 방법은 정말 없는 것일까?

저는 소원이 딱 하나 있어요.
미사 참례 한 번만 했으면 좋겠어요

너희는 각자 자기의 부모를 경외해야 한다.
또 나의 안식일을 지켜야 한다.
나 야훼가 너희 하느님이다.
레위 19,3

성체를 영하신 후 마리아 할머니는 눈물을 흘리시며 사제인 나의 손을 잡고 놓지 않으셨다. 무슨 사연이 있는 듯했지만 말씀은 못 하시고 그저 눈물만 뚝뚝 흘리셨다. 요양보호사가 따님과 사이가 좋지 않은 것 같다고 살짝 말해 주었다. 안타까운 마음에 작은 위로라도 될까 하여 나는 할머니의 어깨를 쓰다듬어 드렸다. 그러자 마리아 할머니는 눈물을 닦으시며 겨우 말씀하셨다. "집에 가고 싶어요, 신부님……." 나는 소용이 없는 말인 줄 알면서도 "할머니, 집이 뭐 중요해요. 할머니가 사시는 이곳이 집이지요. 그리고 하느님 나라에 가시면 더 아름답고 좋은 집에서 영원히 행복하게 사시게 되는데요……! 할머니 슬퍼하시지 말고 하느님께 빨리 하느님 나라로 데려가 달라고 기도하세요."라고 위로해 드렸다.

"신부님, 저는 소원이 딱 하나 있어요."

"무슨 소원인데요?"

"신부님, 미사 참례 한 번만 했으면 좋겠어요. 성당에 가서 미사 한 번 드리고 영성체를 하는 것이 제 마지막 소원이에요."

할머니는 성당에 가서 미사에 참례하고 싶은데 걷지를 못하니 이제는 갈 수가 없다고 하셨다. 하지만 이 세상 떠나기 전에 마지막으로 미사 한 대는 꼭 봉헌하고 싶다고 하셨다.

이처럼 요양 병원에 계시는 어르신들 중 대부분은 주일을 지키지 못하시는 것에 대해 아쉬움을 넘어 몹시 괴로워하셨다. 어쩔 수 없이 요양 병원 신세를 지시고 있기 때문에 미사 참례를 하지 못하는 것임에도 불구하고, 자신들이 크나큰 죄를 짓고 있는 것처럼 여기신다. 어떤 할머니는 "주일 미사도 못 드리니 저 같은 대죄인이 또 어디 있겠습니까."라고 말씀하시기도 하신다. 전체 신자 중에 주일 미사에 참례하는 신자가 20퍼센트도 되지 않는 오늘날의 현실에서 미사에 참례하고 싶어도 하실 수 없는 이 어르신들의 마음을 우리가 과연 이해할 수 있을까? 어르신들은 주일 미사에 참례하지 못하시는 것에 대해 자신을 '대죄인'으로 여기시며, 고개도 들지 못하신다. 그리고 그러한 죄스러움에 사제마저도 똑바로 쳐다보지 못하신다. 이러한 모습을 주일 미사를 대수롭지 않게 궐하는(마땅히 해야 할 일을 빠뜨리다.) 요즘 신자들은 과연 상상으로라도 그려 볼 수 있을까? 일주일에 한 번, 주일뿐 아니라 주중 어느 날이라도 마음만 있다면 언제든지 미사에 참례할 수 있는 신자들이 어르신들의 이런 마음을 십분의 일이라도 헤아릴 수 있을까?

이를 조금이나마 헤아릴 수 있다면 우리는 예수님께서 인간의 속죄와 구원을 위해 당신을 희생 제물로 바치시는 미사성제에 참례하는 것이 얼마나 큰 은총인지를 깨달을 수 있을 것이다. 신자라면 주일에 해 뜨기 전에 미사를 봉헌을 해야 하는데, 새벽 미사를 가야지 마음을 먹었다가도 한 시간 더 잠을 자고 싶어서 아침 미사로 미룬다. 그런데 아침 미사를 가려고 준비를 하다가도 중요하지도 않은 일로 꼼지락대다가 늦어서 저녁 미사로 또다시 미룬다. 주님의 날인데 기도와 미사는 뒷전으로 하고 인간적인 만남과 활동, 혹은 게으름 때문에 늦은 저녁에야 겨우겨우 피곤한 몸을 이끌고 미사에 참례한다. 그나마 저녁 미사라도 참례하면 다행이지만, 많은 사람들이 저녁 미사마저도 '이왕 늦었으니 이번 주는 관두고 다음 주에 가지 뭐.' 또는 '차차 나가지 뭐.'라며 너무나 쉽게 주일 미사를 궐한다. 그것은 아마도 신자들 대부분이 아직까지 미사성제와 성체성사가 얼마나 크나큰 하느님의 은총인가를 이 어르신들만큼 깨닫지 못하기 때문일 것이다. 성부 하느님께서 아드님이신 성자를 통해 이루신 미사성제로 우리에게 내려 주시는 성체성사의 은총을 우리가 조금이라도 깨닫게 된다면, 마리아 할머니가 왜 이러한 마지막 소원을 갖고 있는지 그 의미를 쉽게 알 수 있을 것이다.

제 덕이 아닙니다. 모두 주님의 은총입니다

네 마음을 다하여 아비를 공경하고
너를 낳으실 때 겪은
어미의 고통을 잊지 마라.
집회 7,27

"너무 반가워서…… 신부님, 이렇게 반가울 수가……. 가슴이 뛰어요……."

병자성사를 받으시고 성체를 영하신 할머니는 이내 흐르는 눈물을 닦으시며 말을 잇지 못하셨다. 너무 반가워서 가슴이 마구 뛰신다며 가슴을 부여잡고 애써 진정하려 하셨다.

"신부님께서 묵주를 주셨네요. 스카풀라도 걸어 주셨고요. 저는 묵주를 손에서 놓지 않던 사람이었어요. 그런데 여기 와서는……." 더 말을 잇지 못하시고 또 눈물을 훔치셨다.

"집에서 나올 때 아무것도 가져오지 못했어요. 자식들이 모두 냉담 중이니 가져다 달라고 해도 신경 써 주지 않아요. 날마다 날마다 기도는 했지만, 이게 얼마 만에 만져 보는 묵주인지…….”

할머니는 바르르 떨리는 손으로 묵주를 두 손 사이에 넣고 사랑스럽게 감싸 안으셨다. 그리고 묵주에 입맞춤을 하시더니 곧 천장을 바라보시며, "주님, 이건 제 덕이 아닙니다. 모두 주님의 은총입니다. 감사합니다. 감사합니다.”라고 말씀하셨다. 뜻밖의 기도에 가슴이 미어지는 것 같았다.

그런데 두 손과 발에 칠해진 너무도 어울리지 않는 빨간 매니큐어가 눈에 들어왔다. 요양보호사들이 재미 삼아 발라 주었다고 하셨다. 울퉁불퉁 삐뚤빼뚤 제대로 발라지지 않은 매니큐어, 그것도 전혀 이곳과 어울리지 않는 반짝반짝 빛나는 빨간색 매니큐어……. 2년, 3년 이 요양 병원 안에서 시간을 보내시는 이 어르신들이 생활의 단조로움과 삭막함을 이런 식으로 달래시는 것 같아 안타까웠다. 밝고 명랑한 요양보호사들이 어르신들의 요양 병원 생활에 무언가 변화를 주고 싶어서 노력하는 것처럼 보였다. 하지만 치아가 없어서 또는 잇몸이 아파서 씹을 수 없는 어르신들에게 제아무리 맛있는 오이깍두기와 불고기 반찬도 그림의 떡인 것처럼 지독한 고독과 외로움 가운데 죽음의 시간을 기다리며 하루하루 시간을 보내는 어르신들에게는 요양보호사들의 그런 작은 재미있는 행동들도 아무런 의미가 없어 보였다. 하나같이 허공을 향해 초점 없는 눈을 껌뻑거리며 앉아 계신 이 어르신들에게 오직 희망을 줄 수 있는 건 예수님뿐이시다.

"꽉 막혔던 가슴이 이제 조금씩 뚫리기 시작하는 것 같습니다. 너무 반가워서, 너무 기뻐서 심장이 뜁니다." 식사를 시작하셨다가 두어 술 뜨시더니 곧 수저를 내려놓고 밥상을 물리시며 스카풀라를 보고 또 보고 하신다.

묵주를 손에서 놓지 못하시며 "이제 기도하는 법도 다 기억날 거예요. 그럼요. 제가 묵주 기도를 얼마나 많이 했는데요. 분명히 기억날 거예요."라고 말씀하셨다. 그제야 이분이 기도하는 법을 잊으셨음을 알아채고, 간단하게 묵주 기도 하는 법을 알려 드렸다.

어느 날 갑자기 내가 살던 곳을 떠나 잠깐일 줄 알고 시작한 요양 병원 생활이 이분들의 인생에서 어쩌면 갑자기 사라져 버린 시간이 되었는지도 모르겠다. 요양 병원에 오시기 전의 자신의 모습을 떠올리며 한숨지으시는 어르신들을 바라보며 성체의 기적이 오늘도 이분들께 일어나기를 기도했다. 어쩌면 이분들의 인생에서 마지막 받는 노자 성체가 될지도 모르는 오늘의 이 영성체가 이 세상을 떠나시는 그날까지 이분들 안에서 조금도 줄어들지 않는 은총과 기쁨이 날마다 샘솟게 해 주시길 간절하게 기도했다.

자신의 영혼을 구원하기 위해
누가 더 노력하고 있는가?

누구를 막론하고 죽기 전에는
행복하다고 말하지 마라.
그의 행불행은 최후 순간에야 알 수 있다.
집회 11,28

요양 병원 방문은 마치 미지의 마을을 찾아가는 것과 같아서 항상 마음이 매우 무겁다. 요양 병원을 방문할 때는 이런저런 방해되는 일들이 적잖이 벌어지곤 한다. 요양 병원 측에서 와 달라고 청하는 것도 아니고, 병원에 누가 계시는지 알고 가는 것도 아니며, 병원의 상황이 어떤지 알지도 못하기 때문이다. 그래서 요양 병원으로 향하는 발걸음은 늘 무겁다. 비유하자면, 요양 병원에 가는 것은 매우 치열한 영적 전투에 나가는 것과 같다. 그래서 요양 병원에 방문할 때마다 '많은 어르신들이 멸망으로 떨어지지 않도록 해야겠다.' 하는 강한 믿음으로 주님과 성모님께 은총과 도우심을 간절히 청하며 들어간다.

　이날도 여느 때와 마찬가지로 병실 문을 열고 "혹시 천주교 신자 계십니까?" 하고 물으며 들어갔다. 들어가자마자 지독한 변 냄새가 코를 찔렀다. 천주교 신자의 대답보다 먼저 요양보호사의 대답이 들려왔다. "지금은 공동 작업 중입니다." 공동 작업? 어르신들의 치료 시간인가 해서 난감해하던 그때, 어르신 네 분이 동시에 대변을 보시는 모습이 눈에 들어왔다. 시선을 어디에다 둘지 몰라 잠깐 어색했으나, 그동안 요양 병원을 다니며 익숙해진 광경인지라 아무렇지도 않게 어르신들에게 다가갔다. "기도해 드릴까요?"라고 묻자 어르신들은 그러한 와중에서도 고개를 끄덕이신다. 요양보호사가 옆에서 그 네 분의 변을 정리하시는 중에, 나는 어르신들에게 조건 대세를 드렸다. 어르신들은 조건 대세를 받으시고 난 후에도 아무런 초점 없는 눈빛으로 몸을 움직이지도 못하신 채 요양보호사가 하는 대로 그저 가만히 몸을 맡길 수밖에 없었다. 나는 그러한 어르신들을 뒤로하고 병실을 나왔다.

　그러고는 요양 병원 전체를 다 돌며 신자 어르신들에게 병자성사와 봉성체를 해 드리고 신자가 아닌 분들에게는 조건 대세를 드렸다. 나오는 길에 손을 씻으러 화장실에 들렀다. 손을 막 씻고 나오는데 남자 어르신 한 분이 화장실로 들어오셨다. 그런데 공교롭게도 이 어르신은 조건 대세를 받지 않은 분이셨다. 나는 혹시나 하는 마음에 어르신에게 "기도해 드릴까요?"라고 여쭈었더니 고개를 끄덕이시며 나에게로 다가오셨다. 나는 얼떨결에 화장실이라는 공간 안에서 어르신에게 조건 대세를 드리게 되었다. 순식간에 벌어진 일이었지만 어르신은 기도해 주셔서 감사하다는 말씀을 잊지 않으시고 밝은 모습으로 인사하셨다.

화장실을 나오며 문득 6.25 전쟁 때 전투가 벌어지는 현장에서 병사들에게 대세를 주시며 뛰어다니셨던, 지금은 고인이 되신 원로 신부님이 생각났다. 총알이 날아다니는 전쟁터에서 단 한 명의 영혼이라도 더 구하기 위해 총알을 피해 뛰어다니시며 대세를 주셨다는 훌륭한 대선배 신부님의 이야기가 문득 오늘따라 실감 나게 다가왔다. 나는 요양 병원을 방문할 때마다 총성 없는 전쟁터라고 생각하게 된다. 간호사와 요양보호사들은 아무리 로만 칼라를 한 가톨릭 사제라고 해도 어르신들을 일일이 만나고 다니는 것을 달가워하지 않는다. 가톨릭 신자만 보고 가라고 재촉하고는 가시눈을 하며 쫓아다닌다. 행여 개신교 직원이라도 있으면, 가톨릭 신자들을 못 만나게 하고 쫓아내려고 할 때도 간혹 있었다. 그러한 상황인데도 간절하게 기도를 청하시는 어르신들의 눈빛을 외면할 수 없었기에 나는 요령껏 어르신들에게 조건 대세를 드리는 방법을 알게 되었다. 한 영혼이라도 더 구원하기 위해서는 반가워하지 않는 직원들의 눈을 피해 바쁘게 조건 대세를 줘야 했기 때문이다.

어쨌든 이러한 상황에서 오늘도 나는 요양 병원을 나오며 '우리는 얼마나 행복한 사람들인가?' 하는 생각과 함께 감사한 마음이 들었다. 많은 신자들의 축하 속에 가장 좋은 옷을 차려입고 세상에서 가장 기쁘고 행복한 사람이 되어 꽃다발을 한 아름씩 안고 성대하게 영세식을 한 우리들이 아닌가! 하지만 요양 병원에 계신 이분들은 어떠한가? 지독한 변 냄새 속에서, 그것도 혼자가 아닌 여러 사람이 함께 변을 보는 때에, 또 그것을 내가 아닌 타인의 손에 맡기신 상황에서 정식으로 세례성사를 받지 못하고, 조건 대세를 받으시는 것이다. 그리고 화장실에서도 조건 대세를 받으시는 은총을 얻게 되신 것이다. 우리가 성대한 의식 속에 받은 세례도 요양 병원 어르신들이 받으신 오늘의 조건 대세도 모두 하느님께 나아갈 수 있는 크나큰 은총임에는 틀림없다. 우리도, 그리고 이 어르신들도 하느님 대전에서는 다르지 않을 것이다. 조건 대세를 통해서도 이 분들이 천국에 가실 수 있는 구원의 길이 열리기 때문이다.

하지만 다른 점이 있다면 우리는 그 커다란 축복 속에서 세례를 받았음에도 성당 문을 나선 후에 일상생활 안으로 돌아가면 내가 받은 은총과 축복에 대한 감사와 행복감은 깜빡깜빡 잊을 때가 많다는 것이다. 이와는 반대로 요양 병원의 어르신들께서는 조건 대세를 계기로 지나온 삶을 뉘우치시며 이제는 아무것도 의지하지 못하신 채 체념하신 상태로 하느님께 모든 것을 맡기시고 남은 생을 정리하시려고 애쓰신다는 것이다. 그렇다면 과연 하느님 대전에서 자신의 영혼 구원을 위해서 누가 더 노력하며 살고 있는 것일까?

그분은 식사를 못 하시는데요!

"나는 생명의 빵이다.
하늘에서 내려온 ……
이 빵을 먹는 사람은 영원히 살 것이다."
요한 6,48.58

요양 병원을 방문하면서 가장 안타까운 일은 성체를 모실 수 없는 분들을 만날 때다. 요양 병원에 수년간 계시는 분들 가운데는 식사하지 못하시는 분들이 많기 때문이다. 이런 분들은 코에 고무관을 연결해 식사를 하시거나 그마저도 힘들어지면 배에 연결된 고무관으로 식사를 하신다. 이분들은 말씀도 거동도 못하시기 때문에 이분들을 뵐 때는 눈빛으로 이야기해야 한다. 요양보호사나 가족이 항상 같이 있는 것도 아니기 때문에 옆에 예수님 상본이라든지 묵주, 십자고상 등이 모셔져 있으면 신자인 것을 알고 그분께 병자성사를 드리지만, 그마저도 없으면 조건 대세를 드리게 된다.

 이날은 50대 젊은 신자 형제분을 만나게 되었다. 말씀도 못 하고 움직이지도 못하는 분이셨는데 너무나 강렬하고 간절한 눈빛으로 이 사제를 바라보고 계셨다. 그 눈빛이 얼마나 간절 하던지 마음이 뭉클해졌다. 병자성사를 드리고 성체를 영하게 해 드리려고 하자, 그 형제분은 눈을 감고 입을 크게 쩍 벌리고 기다리셨다. 나는 "그리스도의 몸." 하고는 그 형제분의 입속 에 성체를 넣어 드렸다.

 그런데 갑자기 병실 한쪽에서 다른 환자를 돌보고 있던 요양 보호사가 "어머! 그분은 식사를 못 하시는데요!"라고 소리치는 것이었다. 그때까지 코에 연결된 고무관이 보이지 않았기 때문 에 미처 생각지 못했던 나는 그 말씀을 듣고 깜짝 놀라 이불을 들춰 보았다. 그런데 배에 고무관이 연결되어 있는 것이 아닌 가! 나는 얼른 그분의 입속에 있는 성체를 거두어 모셨으나, 이 미 녹기 시작한 성체를 모두 거두어 모시기는 어려웠다. 그 형 제분은 마지막 남은 작은 성체 조각은 어떻게든 모셔 보려고 혀를 열심히 움직이고 계셨다. 아주 작은 조각이었고 침으로 녹아서 넘어갈 수 있는 정도여서 나는 그냥 영하시도록 해 드 렸다. 그분은 이내 눈물을 흘리며, 눈빛으로 감사 인사를 하셨다. 그러고는 이내 얼굴 표정이 환해지며 아주 평온해지셨다.

내 손에 묻어오신 성체를 다 영하고 난 후, 내 손에는 그분의 입 냄새가 남아 가시지 않았다. 그리고 그 성체를 다시 영했기에 내 입에서도 냄새가 나는 듯했다. 나는 그 냄새가 언짢아서 계속 신경을 썼는데, 그런 나를 바라보시고 예수님께서 호통을 치시는 소리가 들려오는 듯했다. "최 신부야, 나는 매일 너희들에게 내 몸과 피를 다 내주고, 또 매일 신자들의 그 냄새나는 입속으로 들어간다. 그런데 너는 그 불쌍한 환자의 입속에 있는 내 성체를 다시 영했다고 해서, 냄새가 조금 난다고 지금 불평을 하는 것이냐?" 앗! 나는 너무나 죄송한 생각이 들어서 바로 예수님께 잘못을 빌었다. "예수님! 죄송합니다. 맞습니다. 잘못했습니다."

잘못된 마음을 뉘우치면서 요양 병원을 나서며, 나는 너무나 강렬하고 간절하게 성체를 바라보던 그 형제의 눈빛을 다시 내 마음에 새겨 두었다. 그리고 분명히 명심해야 할 것은 그리스도께서 아주 작은 성체 조각 안에도 당신의 몸과 피의 실체實體로서 참으로 실제로 현존하고 계신다는 것이다.

또 병원이야? 집으로 안 가?

누구든지 자기 부모에게 악담하는 자는 ······
피를 흘리고 죽어야 마땅하다.
레위 20,9

　　이날은 잠깐 동안 요양 병원 입구에서 병원을 드나드는 사람들을 보게 되었다. 때마침 요양보호사가 할머니 한 분을 주차장에서 휠체어에 태워 모시고 들어오고 있었다. 그 뒤를 따라 아들이 병원에서 가지고 온 듯한 서류 봉투를 들고 따라 들어왔다. 아마도 다른 병원에 진료를 받으러 다녀오시는 것 같았다. 엘리베이터 앞에 멈추자 할머니가 아들에게 "여기가 어디야? 또 병원이야? 집으로 안 가?"라고 물으시는 소리가 들려왔다. 아들은 윽박지르듯 "그냥 여기서 자! 가긴 어딜 가!"라며 버럭 소리를 질렀다. 할머니는 아무런 말씀도 못 하시고 고개를 푹 수그리셨다. 할머니가 고개를 숙이신 채 축 늘어진 어깨로 휠체어에 앉아 계시자, 아들은 미안했던지 할머니에게 "영숙이 왔다 갔어요?"라고 말을 걸었다. 하지만 할머니는 아무런 말씀도 하지 않으셨다. 침묵이 흐르자 분위기를 눈치챈 요양보호사가 친절하게 "그제 여동생 다녀가시고, 어제는 큰누님이 다녀가셨어요."라고 대신 대답해 주었다. 그러자 아들은 "그럼 화, 수, 목, 금 매일 왔네. 근데 왜 그래? 날마다 보러 오는데 뭐가 문제야? 참……." 그 대화를 끝으로 그들은 엘리베이터를 타고 올라가 버렸고, 10분이 채 지나지 않아 아들은 혼자 내려와 차를 타고 가 버렸다.

대부분의 사람들이 인정하지 않으려 하지만, 요양 병원이 '현대판 고려장'이라는 사실은 피할 수 없는 현실이 되지 않았는가? 어느 요양 병원을 방문했을 때 이곳을 가리켜 '현대판 고려장'이라고 표현하자, 병원 관계자가 그 말을 어르신이 들을까 싶어 얼른 사무실 문을 닫아 버리고는 조심스럽게 고개를 끄덕였던 것이 생각난다. 아마 집집마다 어쩔 수 없는 사연과 속사정들이 있을 것이다. 또한 바쁜 현대 사회의 속성상 편찮으신 부모님을 자녀가 집에서 간병하는 것은 쉬운 일이 아닌 것도 분명하다. 하지만 우리가 어릴 적 보았던 부모님의 모습을 떠올려 보자. 우리가 아프면 부모님은 행여 어떻게 될까 봐 들쳐 업고 병원으로 달려가셨고, 아픈 우리를 간호하시기 위해 밤잠을 설치시며 옆을 지키셨다. 그랬던 부모님이 이제는 병들고 힘이 없어 우리의 도움을 필요로 하신다면, 비록 형편상 집에서 모시며 간병하지는 못하더라도 미안함과 고마움을 담은 다정한 말 한마디쯤은 해 드려야 하지 않을까.

우리가 잘 알고 있는 고려장에 관한 설화가 있다. 아들이 예순이 된 늙은 아버지를 풍습대로 지게에 지고 산중으로 가서 버려두고 돌아오려는데, 함께 갔던 손자가 자신도 나중에 아버지가 늙으면 지고 올 때 써야 한다며 그 지게를 다시 가져오려고 했다. 그제야 아들은 뉘우치며 아버지를 다시 집으로 모셔 와 지극정성으로 봉양했다는 이야기다.

또 다른 설화도 전해 내려온다. 한 관리가 늙은 어머니를 풍습대로 산에 버리려 했는데, 어머니는 아들이 돌아가는 길을 잃을까 봐 길 중간중간에 나뭇가지를 꺾어 표시를 해 두었다. 그 관리는 어머니의 그런 마음을 알고 잘못을 뉘우치며 차마 어머니를 버리지 못하고 다시 집으로 모시고 왔다는 이야기다.

놀라운 것은 '고려장'은 설화일 뿐 실제로는 존재하지 않은 듯하다는 것과, 전 세계 나라 대부분에 이러한 설화들이 전해 내려 온다는 사실이다. 하지만 오늘날, '동방예의지국東方禮儀之國'이라 불리는 대한민국에서 설화에만 존재하던 일들이 실제로 벌어지고 있다. 하느님께서 이 세상을 창조하신 후 하느님의 창조 사업을 이어 가는 부모와 자식 관계의 본질만큼은 절대 변하지 않는다. 또 변할 수도 없는 것이다. 십계명 중에 인간이 인간에게 지켜야 될 첫 계명은 "부모에게 효도하라."는 것이다. 자신의 몸의 일부에서 나온 자식에 대한 부모님의 사랑은 세상 창조 때부터 지금까지 별로 변한 것이 없다. 그런데 나에게 살과 피를 나누어 준 부모님을 향한 자식의 사랑은 세월이 갈수록 왜 이렇게 점점 비열해져 가는 것일까?

치매 환자 100만 시대

제 부모를 저주하면
어둠 속에서 그의 등불이 꺼진다.
잠언 20,20

"저는 지금 차가운 쇠창살 안에 갇혀 있습니다. 아내를 살해한 죄목입니다. 그토록 사랑스러웠던 아내였습니다. 제 나이 일흔넷. 우린 50년을 서로 아끼며 살아왔습니다. 자식 둘을 대학에 보냈고 출가도 시켰습니다. 아내와 둘이서 평온한 황혼을 맞을 줄로만 알았습니다. 그런데 운명은 도둑처럼 찾아왔습니다. 한밤중에 아내가 뇌졸중으로 쓰러졌습니다. 급히 병원으로 옮겼지만 아내는 중증 치매란 후유증에서 헤어 나오지 못했습니다. 요양 병원에 입원한 아내는 하루하루 낯선 사람으로 변해 갔으며 가족들을 알아보지 못했습니다. 매달 120만 원씩 되는 병원비를 대는 자식들 보기도 힘들었습니다. 밤낮없이 아내의 기저귀를 갈고 음식을 먹이다 설상가상 저까지 이곳저곳 아파 오기 시작했습니다. '나마저 쓰러지면'이란 생각이 들자 눈앞이 캄캄해졌습니다. 며칠을 뜬눈으로 지새우다 저는 마음을 굳혔습니다. 아내를 집으로 데려왔고 떨리는 손으로 유서를 썼습니다. '사랑하는 아들딸아, 우리 인생은 여기까지인 것 같다. 아버지는 최선을 다해 살았지만 너희들에게 남겨 줄 것이 적어 미안하구나.' 아무것도 모른 채 잠든 아내의 목을 눌렀습니다. 저도 농약을 들이켰습니다. 그런데 저는 가까스로 살아남았습니다. 그리고 지금 아내를 살해한 죄로 징역 3년을 살고 있습니다."

얼마 전 신문에 보도된 사건이다. 노인 복지 사목을 하다 보니 신문이건 책이건 노인과 관련된 기사가 나오면 꼼꼼히 챙겨 읽게 된다. 주요 일간지 1면에 보도된 이 사건을 접하면서 "이것이 오늘날 우리가 처한 현실인데……."라는 말만 반복되어 나왔다. 이 기사의 제목은 '치매 환자 100만 시대, 그는 왜 50년 해로한 아내를 죽였나'였다. 기사를 다 읽지 않더라도 그 내용을 충분히 짐작할 수 있었다. 비단 이 부부뿐만 아니라 요즘 들어 치매 노부부의 동반 자살 뉴스를 종종 접했기 때문이다. 노인 복지 사목을 하면서 그럴 때마다 드는 생각은 "과연 장수가 하느님의 축복일까?"라는 것과 "이분들에게 하느님을 의지할 신앙이 있었다면 이렇게 무가치하게 생을 마감했을까?"라는 것이다.

나는 어르신들과 항상 함께 이렇게 간절한 기도를 드린다. "예수님, 치매 걸리지 않게 해 주십시오.", "예수님, 요양 병원에 가지 않게 해 주십시오.", "예수님, 남의 손에 대소변 받아내지 않게 해 주십시오.", "예수님, 하느님 나라에 가게 해 주십시오. 그리고 하느님 나라에서 모두 만나게 해 주십시오." 처음에는 어르신들도 단지 따라 하시지만, 시간이 갈수록 어르신들은 이 기도들이 무슨 의미인지 아시고 진지해지신다. 그래서 늘 간절히 기도하신다. 만약 이 기도를 하느님께서 들어주지 않으신다면 오래 산다는 것은 '하느님의 축복'이 아니라 '하느님의 벌'이 될 것을 누구보다 당신들이 더 잘 아시기 때문이다.

그래서 이 어르신들은 당신의 삶을 하느님께서 주신 가치 있는 삶으로 마감하시기 위해 이제 헛된 것들을 좇아 살아온 덧없는 삶을 버리고 남은 짧은 생을 하느님만 믿고 의지하며 살다가 영원한 행복이 있는 하느님 나라에 가는 그날이 오기를 기다리신다.

그리고 그 기다림 끝에 하느님 사랑 안에서 이 어르신들 모두가 선종하시어 하느님 나라에 들어갈 수 있도록 이분들과 함께 이렇게 기도드린다.

예수님, 성모님, 성 요셉님, 제 영혼을 당신 손에 맡기나이다!
임종의 주보이신 성 요셉님!
이 죄인이 덧없고 허무한 이 세상을 떠날 때
5일 동안 죽음을 준비할 시간을 허락해 주시어
잘 선종하게 해 주소서.
병자성사와 노자 성체를 꼭 받고
장례 미사도 봉헌할 수 있게 해 주시어
예수님, 성모님, 성 요셉님께서 맞아 주시는
거룩한 영혼이 되게 해 주소서!
또한 죽은 내 시체가 보기에 추하지 않게 해 주시며
장례 동안 청명한 날씨를 주시어
오시는 분들이 불편하지 않게 해 주시고
후에 저와 가족 친지 은인들과 천국에서 다시 만나
영원한 복을 누리게 하소서. 아멘.

부록

선종善終을 준비하는 기도

주님, 죄인(아무) 이제 제 영혼을 하느님께 받들어 드리나이다.
육신은 땅으로 돌아가 썩고 썩어
벌레와 구더기의 몫이 될 것이니
세상은 헛되고 헛되도다.
그러므로 감심甘心하여 다 끊어 버리고
이에 정성되이 주님을 사랑하여
일심一心으로 모든 허물을 통회하고
일생에 크고 작은 원수들을 진정으로 용서하나이다.
성부와 성자와 성령 삼위가 하나이시고

재제宰制하시고 구속하시고, 상벌賞罰하시고,
전능全能하시고, 전지全知하시고,
전선全善하신 하느님을 믿으며
무릇 성교회에서 마땅히 믿을 모든 것을
저도 일심으로 굳게 믿나이다.
주님께서 인자하심을 드러내시어 저의 모든 죄를 사하시고
은총으로 영원한 생명을 주시기를 바라나이다.
온전한 힘과 온전한 영혼과 온전한 뜻으로
주님을 만유 위에 사랑하고
제 영혼과 육신을
주님의 지극히 흠숭欽崇하올 의향에 온전히 맡기오니
주님께서 만일 제 생명을 늘여
죄를 보속하고 공로를 세우게 하시려 하면
저 또한 마음을 준비하여
괴로울 때나 즐거울 때나
병들 때나 평안할 때나
살아 있을 때나 죽을 때나
오로지 주님의 지극하신 의향만을 받들어 실행實行하리이다.
또 저의 영혼과 육신과 저의 모든 것을

온전히 우리 자모이신 지극히 거룩하신 동정 성모 마리아와
대 성 요셉과 수호천사守護天使와
천국의 모든 성인들의 그느르심에 부탁하고 간절히 비오니
제가 죽을 때 도와주시어
겸손한 사랑과 정성된 마음으로
감히 예수님과 성모 마리아의 거룩하신 이름을
입에 외우고 죽으며
또 제 영혼이 세상을 하직下直할 때
주님의 거룩하신 사랑을 얻게 하시고
만일 임종臨終 때
능能히 입으로 당신의 거룩하신 이름을 부르지 못할 터이면
간절히 바라오니,
마음과 영혼과 뜻으로 당신의 거룩하신 이름을 부르게 하소서.
만일 그때 혹시라도 명오明悟가 흐려
능히 마음으로도 부르지 못할 터이면
지금 극히 겸손謙遜하고 극히 사랑하는 뜻으로 미리 부르오니,
예수님! 성모님! 제 영혼을 당신 손에 맡기나이다. 아멘.

참고 문헌 : 노기남 주교, 《천주성교공과》, 1957, 가톨릭출판사